예술로
만나요

천천히읽는책_67

예술로 만나요

글·사진 김희경

펴낸날 2023년 11월 22일 초판1쇄
펴낸이 김남호 | 펴낸곳 현북스
출판등록일 2010년 11월 11일 | 제313-2010-333호
주소 07207 서울시 영등포구 양평로 157 투웨니퍼스트밸리 801호
전화 02)3141-7277 | 팩스 02)3141-7278
홈페이지 http://www.hyunbooks.co.kr | 인스타그램 hyunbooks
ISBN 979-11-5741-392-8 73400

편집장 전은남 | 책임편집 류성희 | 디자인 최선희 | 마케팅 송유근 함지숙
글 ⓒ 김희경 2023

이 책은 저작권법에 의하여 보호를 받는 저작물이므로 무단 전재 및 복제를 금지하며,
이 책 내용의 전부 또는 일부를 이용하려면 반드시 저작권자와 현북스의 허락을 받아야 합니다.

⚠주의 종이에 베이거나 긁히지 않도록 조심하세요. 책 모서리가 날카로우니 던지거나 떨어뜨리지 마세요.

놀이로 체험하는 통합 예술 교육

예술로
만나요

김희경 지음

머리말

예술은 배우는 것이 아니라
체험하는 것이에요

처음 예술 교육을 시작했을 때, 한 학생이 진지하게 질문을 했어요.

"선생님은 뭐 하시는 분이세요?"

자신이 알고 있는 어떤 분야와도 연결이 되지 않았나 봅니다. 그런데 십여 년이 지난 지금도 그런 질문을 자주 받아요. 예술 교육이라고 하면 사람들은 음악, 미술, 연극, 무용과 같은 특정한 분야를 배우는 것이라고 생각해요. 제가 추구하는 예술 교육은 예술을 배우는 것이 아니라, 체험할 수 있도록 하는 거예요.

서울문화재단 어린이 예술교육가로 오랜 기간 활동하면서 '체험하는 예술'을 배우고 실천할 수 있었어요. 특히 여러 분야 예술가들과 함께 프로그램을 연구하고 개발하는 과정에서 다양한 예술 언어에 대해 공부할 수 있었답니다.

예술 분야마다 주로 활용하는 재료는 다르지만, 유사한 요소와 원리들이 있는데요. 예술가들은 이것들을 활용한 자기만의 예술 언어를 가지고 있어요. 다양한 예술 요소와 원리를 이해하고 활용할 줄 알면, 예술 작품을 깊이 있게 감상할 수 있는 것은 물론이고 세상을 다채롭게 바라보고 느끼고 이해할 수 있어요. 그만큼 자신의 생각과 느낌도 풍부하게 표현할 수 있죠.

 여러 분야 예술을 통합한 교육 경험은 나와 우리 그리고 삶이 더 가치 있다고 느끼게 해 주었어요. 이 경험을 바탕으로 예술 체험의 의미와 가치를 여러분과 함께 나누고 싶어 이 책을 쓰게 되었습니다.
 깊이 있는 예술 체험은 누군가 무언가를 새롭게 발견하게 해요. 학습이 아니라 즐겁게 예술 놀이를 하면서 세상에 숨겨진 아름다움을 찾아 나가기 바랍니다.

김희경

차례

1 바라보고 다가가요

숨은 소리 찾기 ········· 010
숨은 색깔 연구 ········· 020
손끝으로 만나는 세상 ········· 028
숨은그림찾기 ········· 040

2 느낌이 통해요

이상한 숨바꼭질 ········· 054
아슬아슬한 균형 ········· 062
그림자로 전하는 말 ········· 072
거울로 비춘 세상 ········· 080

3 경계를 넘나들어요

사라진 아이의 비밀 ················· 094
변신하는 법 ····························· 108
모두의 학교 ····························· 116
우리들이 만나면 ······················ 126

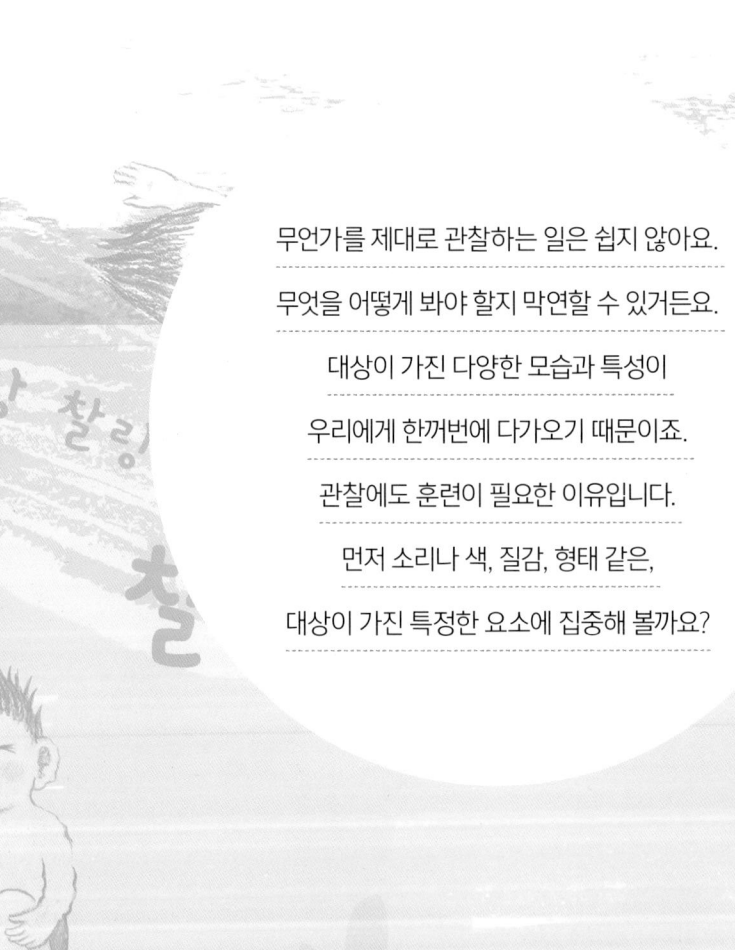

무언가를 제대로 관찰하는 일은 쉽지 않아요.

무엇을 어떻게 봐야 할지 막연할 수 있거든요.

대상이 가진 다양한 모습과 특성이

우리에게 한꺼번에 다가오기 때문이죠.

관찰에도 훈련이 필요한 이유입니다.

먼저 소리나 색, 질감, 형태 같은,

대상이 가진 특정한 요소에 집중해 볼까요?

1

바라보고 다가가요

찰찰찰

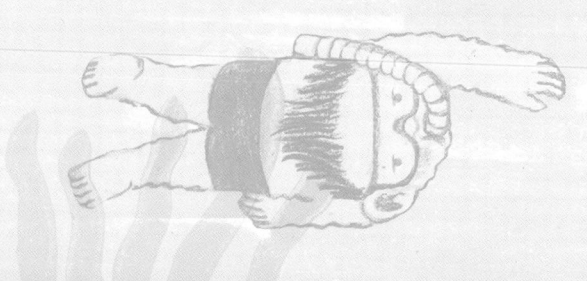

숨은 소리 찾기

소리 속에 소리가 숨어 있어요

 일상에는 여러 가지 소리가 가득해요. 눈을 감고 들으면 소리에 더욱더 집중할 수 있어요. 자, 눈을 감아 보세요. 어떤 소리가 들리나요? 가위로 종이 자르는 소리, 컴퓨터 키보드 치는 소리, 마우스 누르는 소리, 연필 깎는 소리, 테이프 떼는 소리……. 재미있는 소리가 참 많아요.
 그런데 이 소리 속에는 또 다른 소리가 숨어 있어요. 마치 숨은그림찾기처럼 말이죠. 그림 속에 관련 없는 그림이 숨어 있듯이 소리 속에 또 다른 소리가 숨어 있어요. 숨은 소리를 찾는 방법은 소리를 듣고, 소리를 입으로 따라서 내는 거예요. 입소리를 내다 보면 비슷한 다른 소리들이 떠오를 거예요. 그 소리들이 바로 숨은 소리예요.

먼저 연필을 깎으면서 연필깎이 소리를 들어 볼까요? 연필깎이 소리에는 어떤 소리가 숨어 있나요?

쓰으윽 쓰으윽 쓰윽

스윽 스~윽

사과 깎는 소리 같기도 하고, 눈 밟는 소리 같기도 해요. 연필깎이 손잡이를 천천히 돌릴 때와 빠르게 돌릴 때 숨어 있는 소리가 달라요. 이런 소리들은 우리가 느끼는 청각 자극과 함께 또 다른 감각도 자극하곤 해요. 그래서 왠지 간질간질 간지러운 느낌도 들어요.

연필깎이 말고도 우리가 사물을 사용할 때 나는 소리에는 숨어 있는 소리들이 많아요. 이제 여러분도 일상에 숨어 있는 소리를 수집해 보세요.

닮은 소리에 빗대어 시를 써 봐요

사각사각 사각사각

스으윽 쓰으윽 쏙

사과 깎는 소리는 연필로 글씨 쓰는 소리 같아요. 사과 깎는 것을 글씨 쓰는 것에 빗대어 다음과 같은 시를 쓸 수 있어요.

탁

사각사각 사각사각

스으윽 쓰으윽 쏙

샤샤 샥

사과를 깎는다.

한 글자 한 글자 글씨를 쓰듯

뽀얗게 드러나는

사과의 마음

▲ '사각사각 사각사각' 사과 깎는 소리가 마치 글씨 쓰는 소리처럼 들려요. 사과 깎는 것을 글씨 쓰는 것에 빗대어 시를 써 보세요.

 이렇게 다른 것에 빗대어 표현하면 사과 깎는 것을 더욱 생생하게 표현할 수 있어요. 또 신선한 느낌을 줄 수도 있죠.

▲ '따닥 따닥 따다다닥' 컴퓨터 키보드를 치는 소리에는 말 달리는 소리가 숨어 있어요. 키보드를 치면서 광활한 들판을 달리는 말을 떠올리며 시를 써 보세요. (사진·픽사베이)

다음은 컴퓨터 키보드를 치는 소리예요. 어떤 소리가 숨어 있는 것 같나요?

따닥 따닥

따다다닥

따다다다 따다다다

말이 달리는 소리 같아요.

컴퓨터 키보드 치는 것을 말이 달리는 것에 빗대어 다음처럼 표현할 수도 있어요.

따닥 따닥
따다다닥
따다다다 따다다다
달리고 또 달린다.
바람을 가르며 달리는
키보드 말

컴퓨터 키보드를 칠 때마다 광활한 들판을 달리는 말이 떠오를 것 같아요.

닮음을 활용해 쓰는 시는 우리가 하는 상상을 훨씬 더 자극해요. 또 나만이 할 수 있는 표현을 하게 되죠.

숨어 있는 소리에 귀 기울여 봐요

등굣길에 경쾌한 발걸음을 따라서 책가방 속에서 출렁거리는 물병 소리가 파도 소리 같아요. 그 순간 물병은 나와 함께 호흡하는, 작지만 큰 바다가 되지요.

책가방 속 바다를 떠올리면서 길을 걸으면, 학교 가는 길이 조금 더 즐겁지 않을까요?

지루한 수업 시간, 친구들이 책장을 넘기는 소리에 새들이 '후드득' 날개를 펼치고 날아올라요. '찰칵' 스테이플러 찍는 소리에 '찰칵찰칵' 나만의 추억을 찍어요. 책가방 지퍼 여는 소리에 괴물이 '크으으윽' 코를 골고, '꺼어~억' 트림을 해요.

일상에 숨어 있는 소리를 찾는 것은 상상의 세계로 들어가는 통로이자, 재미있는 놀이가 될 수 있어요. 반복되는 일상에서 우연히 발견할 수 있는 소리로 작은 즐거움과 여유를 느낄 수 있으면 좋겠네요.

▲《책가방 속 물병 바다》 등굣길에 경쾌한 발걸음을 따라서 책가방 속에서 출렁거리는 물병 소리가 마치 바다의 파도 소리 같아요.

예술 놀이

숨은 소리 찾기

준비물 종이, 필기도구

놀이방법

- **숨은 소리 수집하기**

1. 주변에 있는 사물을 사용하면서 나는 소리에 귀를 기울인다.
2. 소리를 반복적으로 들으면서 입소리를 따라 내 보고, 숨어 있는 다른 비슷한 소리를 떠올려 본다.
3. 숨어 있는 소리를 찾았다면, 의성어를 글로 적어 수집한다. 이때 우리가 흔히 쓰는 의성어가 아니라 자신이 들은 소리를 그대로 적는다.

- **시 쓰기**

4. 수집한 소리 중에서 시를 쓰고 싶은 한 가지 사물을 선택한다.

5. 선택한 사물과 숨어 있는 다른 소리를 관련지어 한 편의 시를 쓴다.

   [주의] 숨은 소리가 아니라 선택한 사물의 특징이 잘 드러나는 시를 썼는지 확인한다.

6. 시의 제목을 쓰고, 사물이 있는 곳에 전시한다.

숨은 색깔 연구

나뭇잎은 늘 초록색일까요?

 어느 날 문득 나뭇잎 색깔이 변화한 게 눈에 들어오나요? 그건 계절이 바뀌고 있다는 신호예요. 계절이 바뀔 때마다 우리는 자연이 변화한다는 것을 실감하게 되지요.
 나뭇잎은 어제도, 오늘도, 날이 어두워져도 초록색으로 보여요. 나뭇잎은 늘 초록색이죠. 그러나 실제로 나뭇잎 색깔은 계절은 물론 날씨나 시간에 따라 변화해요. 정확히는 빛이 변화하는 것에 따라 색도 변화하는 것이죠.
 그런데 우리는 쉽게 나뭇잎은 초록색이라고 판단해 버

려요. 그것은 시각신경이 가진 항상성 때문이에요. 사물이 가진 색을 늘 일정하게 보이게 하는 것을 '색의 항상성'이라고 해요. 이러한 인간이 감각하는 색깔에 의문을 가진 예술가들이 바로 인상파 화가들이에요. 인상파 화가들은 항상성으로 인해 무시되는 색깔 변화를 포착해서 캔버스에 담으려고 했어요.

클로드 모네는 대표적인 인상파 화가 중 한 명이에요. 모네는 빛이 변화하는 것에 따라 색이 어떻게 변화하는지 빛과 색에 대한 관계를 연구했어요. 한 가지 대상을 선택해서 그것을 수없이 많이 그렸지요. 같은 대상이라 하더라도 늘 똑같지 않으니까요. 순간순간 변화하는 모습을 포착해서 재빠르게 그린 것이죠.

프랑스 북부에 있는 루앙 대성당을 그릴 때에는 근처에 작업실을 마련하고, 오랜 기간 성당을 관찰했어요. 모네는 이젤을 여러 개 세우고 동시에 작업을 했는데, 사람들은 왜 같은 성당을 여러 개 그리는지 궁금해했죠. 모네는 루앙 대성당은 하나가 아니라고 답을 했어요.

사과는 빨간색일까요?

우리도 한 가지 대상을 정해서 색깔 연구를 해 봐요.

주변에 있는 사물이나 자연물 중 한 가지를 선택해요. 흰색과 검은색은 색이 없는 무채색이니 제외를 하고요. 파란색 컵이나 사과, 바나나처럼 우리가 흔히 한 가지 색이라고 생각하는 대상을 선택하는 거예요.

기본적인 색깔을 연구한 다음에는 여러 가지 색을 가진 대상을 더 연구해 보세요. 이제 선택한 대상에 서로 다른 어떤 색들이 있는지 살펴보는 거예요.

사과를 선택했다면 몇 가지 색이 관찰될까요?

대충 보면 사과는 빨간색과 꼭지 부분에 연두색, 노르스름한 점들이 눈에 띄어요. 자세히 보면 빨간색도 연하거나 짙은 빨강, 주황빛이 도는 빨강, 거무스름한 빨강 등 다양해요. 빛을 받아 하얀 부분도 있고요.

이 색들을 연구 기록으로 남긴다면, 여러 가지 방법이 있을 거예요. 간단하게는 사진을 찍을 수 있고, 애플리케

▲ 흔히 사과를 빨간색이라고 표현하지만, 자세히 보면 짙은 빨강과 연한 빨강, 연두색 꼭지, 누르스름한 점, 빛을 받아 하얀 부분 등 다양한 색을 관찰할 수 있어요.

이션 프로그램을 이용하면 부분부분 색을 추출할 수도 있어요. 또는 모네처럼 그림으로 그릴 수 있고, 글로도 표현할 수 있겠죠.

다음은 관찰된 색들을 물감으로 색을 만들고, 그 색들을 도화지에 배열해서 구성한 거예요. '빨간 사과'로만 알고 있는 사과에는 정말 다양한 색들이 담겨 있네요. 늦은 오후, 햇빛에 반사된 여러 가지 사과 색깔들을 자유롭게 나열해 보니 마치 팔레트 같아요.

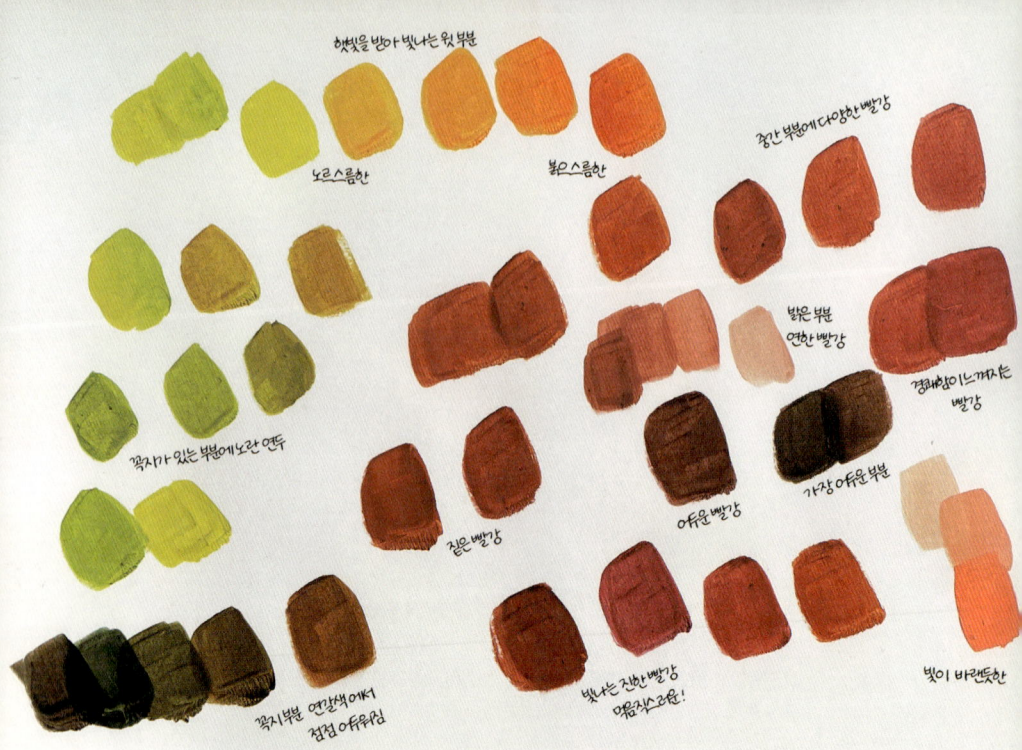

▲《늦은 오후의 사과》 사과에서 발견된 다양한 색들을 물감으로 색을 만들고, 그 색들을 도화지에 배열하여 구성한 거예요.

다음은 한낮의 햇살 아래 놓인 바나나가 가진 여러 가지 색들이에요.

갈색 반점이 조금 생긴 잘 익은 바나나네요. 약간의 노랑 연두와 밝은 노랑이 많은 것으로 보아 푹 익은 바나나는 아닌 것 같아요. 색깔마다 면적이 다른 수직적인 구성에서 리듬감이 느껴지기도 해요.

▲ 바나나에는 어떤 색이 숨어 있을까요?   ▲ **《바나나는 노래한다》** 바나나에 숨어 있는 색을 면적을 다르게 하여 수직으로 구성했어요.

우리는 사물마다 그것이 가진 고유한 색이 있다고 말해요. 나뭇잎은 초록색, 사과는 빨간색, 바나나는 노란색이라고 말이죠. 그런데 색깔 연구를 해 보니 고유색이라는 것은 고정관념 또는 편견이라는 생각이 드네요.

그래도 새빨간 사과가 좋아?

요즘 사과 과수원에서는 사과를 더 빨갛게 만들기 위해 여러 가지 작업을 한다고 해요. 사과가 골고루 햇빛을 받을 수 있도록 가지를 치고, 잎을 따 주는 건 기본이고요.

사과 알을 일일이 돌려가며 햇빛을 받게 해요. 사과 밑부분까지 빛을 받을 수 있도록 바닥에 은박 반사 필름도 깔아 두죠. 그리고 사과에 봉지를 씌워서 봉투 안으로 빛을 모아 전체적으로 고르게 빛을 받게 해요.

심지어 성분이 검증이 안 된 착색제를 사용하기도 한다고 해요. 빨갛게 색을 입히는 이유는 사람들이 빨간 사과를 더 좋아하기 때문이에요.

우리는 왜 새빨간 사과를 찾는 걸까요? 실제로는 빨갛고 매끈한 사과보다 껍질이 거칠고 투박한 사과가 훨씬 더 맛있는데 말이죠.

햇빛, 비, 바람 등을 맞으면서 자연 그대로 자랄 때 과육이 단단해져서 더 아삭아삭하고, 새콤달콤한 사과 맛을 즐길 수 있거든요. 사과 곳곳에 박힌 검은 점들이나 흠집은 병충해나 바람에 상처가 났다가 나은 흔적이에요. 이런 영광의 상처는 사과가 가진 색과 맛을 더 풍부하고, 깊이 있게 해 줘요.

색깔 놀이

숨은 색깔 연구

준비물 도화지, 물감, 팔레트, 붓, 물통, 필기도구

놀이방법

1. 주변에 있는 사물이나 자연물 중 한 가지 색깔로 이루어진 대상을 한 개 선택한다. 흰색과 검은색은 무채색으로 제외한다.
2. 선택한 대상을 색깔에 주목해서 관찰한다.
3. 관찰한 색들을 도화지에 어떻게 구성해 표현할지 계획한다.
4. 관찰한 색을 물감으로 만들어서 도화지에 계획한 대로 칠한다.
5. 도화지에 그려진 색깔 연구 내용을 보고, 그에 알맞은 연구 제목을 정한다.

손끝으로 만나는 세상

질감 몽타주 놀이를 해 봐요

피부로 느끼는 감각을 '촉각'이라고 해요. 촉각은 사물의 모양이나 거친 정도 등을 구별하는 데 중요한 역할을 해요. 사람 몸에서 촉각이 가장 예민한 부분은 손가락 끝이에요. 손끝의 감각은 매우 예민해서 미세한 차이에도 민감하게 반응하지요. 테이프를 뗄 때, 시작점을 눈이 아니라 손끝으로 찾는 것도 그러한 이유인 거죠.

촉각을 활용한 질감 몽타주 놀이를 해 볼까요?

'질감'은 표면에서 느껴지는 사물의 성질을 말해요. '몽타주'는 목격자의 증언을 모아서 범죄 용의자의 얼굴을 그림으로 그려내는 것이죠. 원래 몽타주는 영화나 사진을 편집할 때, 촬영한 컷들을 새롭게 이어 붙여서 또 다른 이미지를 만들어 내는 것을 말해요.

그러니까 질감 몽타주 놀이는 한 가지 사물에서 부분적으로 느낄 수 있는 질감을 단서로 활용하는 놀이예요.

먼저 안이 들여다보이지 않는 비밀 상자 안에 사물 한 가지를 넣어요. 그리고 친구들이 비밀 상자 안에 손을 넣어 그 사물을 만져 보도록 해요. 다음 친구들이 각자 비밀 상자에서 부분적으로 느낀 질감을 이미지로 떠올려 보세요.

어떤 사물인지 알아맞히는 것은 중요하지 않아요. 이 놀이는 단서들을 모아서 나만의 새로운 이미지를 만드는 거예요.

	질감 1	질감 2	질감 3	질감 4
지아	줄무늬 같은 게 느껴져	오돌토돌해	볼록볼록 튀어나와 있어	길쭉한 것들이 말랑말랑해
시우	부드럽고, 올록볼록해	작은 점들이 튀어나와 있어	동그스름한 것들이 여러 개 있어	풍선처럼 공기가 차 있어

▲ 질감 1

▲ 질감 2

▲ 질감 3

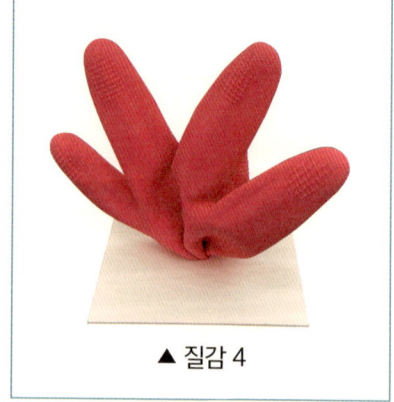

▲ 질감 4

▲ 사물에서 느낀 질감의 단서들을 모아서 하나의 이미지로 표현한 질감 몽타주예요.

친구들이 비밀 상자 속 사물에서 각각 느낀 질감의 단서를 모아서 하나의 이미지로 표현해 보세요. 무엇인지 알 수 없는 이미지들이 만들어졌을 거예요. 실제 사물과 이미지를 비교해 보면 재미있을 것 같아요.

▶ 비밀 상자 속 사물의 정체는 바로 고무장갑이에요. 하나의 고무장갑에서도 다양한 질감을 느낄 수 있어요.

질감을 모양으로 표현해 봐요

　손끝의 감각은 예민하지만, 한계가 있기도 해요. 사람 손의 크기나 손가락의 굵기로 민감하게 느낄 수 있는 범위가 있기 때문이죠.

　여러 가지 도구를 활용한다면 인간이 가진 감각의 한계를 뛰어넘을 수도 있어요. 대상을 돋보기나 루페, 휴대폰으로 확대해서 들여다보세요. '거칠다' 또는 '울퉁불퉁하다'는 정도로 표현할 수 없는 질감이 느껴질 거예요. 손끝으로 보고, 눈으로 질감을 느끼기도 해요. 촉각과 시각을 포함한 인간의 감각은 서로 돕고, 하나로 합쳐지거든요. 여러 가지 도구를 활용해서 주변 사물이나 자연의 질감을 느껴 보세요.

　루페로 나무 책상과 벽돌을 들여다보았어요. 매끄럽고 평평해 보이는 책상은 나뭇결을 따라 굴곡이 있고, 털 같은 것도 보여요. 거칠고 구멍이 숭숭 난 벽돌은 크고 작은

▲ 루페로 나무 책상을 들여다보고 질감을 시각언어로 표현해 보세요.

▲ 《잔잔한 나무 물결》 손으로 천천히 만지면서 결을 느껴 보세요.

동굴들이 있는 암벽 같아요. 이렇게 질감을 말로 표현할 수 있지만, 그 느낌을 시각언어로도 표현할 수 있어요.

위 《잔잔한 나무 물결》은 대상의 질감을 관찰하고, 가장 마음에 와닿은 부분을 종이로 표현한 입체 작품이에요.

종이를 길게 잘라 일정한 간격을 두고, 두세 겹 붙였는데요. 끝부분이 살짝 들려 있네요. 그런데 이 작품은 만지면서 감상하는 작품이에요. 작가가 느낀 나무 책상의 질감을 함께 느낄 수 있도록 감상 방법을 제시했어요. 작품

▲《울퉁불퉁 동글동글》 구겨진 종이에서 거친 느낌이 나고, 밝음과 어둠이 대비되어 울퉁불퉁해 보여요.

을 만지면서 감상하면 눈으로 볼 때는 몰랐던 미세한 굴곡이 더 잘 느껴져요.

   위《울퉁불퉁 동글동글》작품은 동그랗게 구긴 종이를 연결하고, 쌓아서 만들었어요. 종이를 구겨서 거칠고, 밝음과 어둠이 대비돼서 더 울퉁불퉁해 보여요.
   작가는 벽돌의 동글동글한 입자와 동굴 같은 구조를 표현했다고 해요. 햇빛이 잘 드는 창가에 설치해서 어두운 그림자가 구멍이 파인 형태를 잘 드러내 주네요.

▲ 벽돌을 자세히 들여다보면 동글동글한 입자와 움푹움푹 패인 크고 작은 동굴 같은 구조가 보여요.

  이렇게 질감에 대한 느낌을 조형 작품으로 만들 수 있어요. 작가는 자신이 무엇을, 어떻게 느끼고, 생각했는지 생생하고 정확하게 전달할 수 있는 방법을 연구해요. 그리고 자기만의 예술 언어로 표현하죠. 감상하는 사람은 작가가 무엇을, 어떻게, 왜 표현했는지 작품을 자세히 들여다보고, 살피면서 해석해요.

  이렇게 예술 작품을 창작하거나 감상하는 과정에서 이전에는 몰랐던 대상의 새로운 모습을 발견하게 될 거예요.

질감은 시간의 얼굴이에요

 어떤 것을 눈으로만 보는 것이 아니라 직접 만져 보면 그것을 더 잘 알게 돼요. 아기가 이것저것 만져 보면서 세상을 이해하고, 익히는 것처럼 말이죠.
 어떤 것을 더 잘 이해하기 위해서는 적극적인 탐색이 필요해요. 구석구석 만지면서 살펴보고, 더 자세히 들여다보기 위해서 도구를 활용할 필요도 있죠.

 모든 것의 질감은 시간의 얼굴이에요. 상처가 난 책상, 닳은 수세미, 벌레 먹은 나뭇잎, 나무가 자라면서 갈라진 겉껍질 등에서 세월의 깊이와 삶의 흔적이 느껴져요.
 어떤 대상만이 가진 특별한 질감을 발견하는 것은 그것이 살아온 역사와 만나는 거예요.

▶ 나무가 오랜 시간 자라면서 갈라진 나무껍질에서는 세월의 깊이와 삶의 흔적을 느낄 수 있어요. (사진·픽사베이)

질감 조형 놀이

손끝으로 만나는 세상

준비물 돋보기/루페/휴대폰, 두꺼운 도화지, 여러 가지 흰색 종이 (복사용지, 화선지, 포장지, 휴지 등), 풀/목공풀/양면테이프, 가위, 포스트잇, 필기도구

놀이방법

1. 주변 사물 또는 자연물이 가진 질감을 손끝으로 만지며 느껴 본다. 돋보기 또는 루페, 휴대폰 등으로도 확대해서 관찰한다.
2. 관찰한 것 중 기억에 남는 것을 한 가지 선택한다.
3. 선택한 대상의 표면에서 느껴지는 여러 가지 특징 중 가장 마음에 와닿은 부분을 떠올린다.

보들보들
보슬보슬
날아갈 듯한

4. 떠올린 질감의 특징을 종이로 어떻게 표현할 수 있을지 탐색한다. 종이를 말거나 구기거나 찢는 등 다양하게 변형해 보면서 질감을 표현하기에 가장 어울리는 방법을 찾는다.

5. 앞에서 찾은 방법으로 종이를 변형해서 도화지라는 네모난 화면에 어떻게 배치할지 계획한다. 두꺼운 도화지에 변형한 종이를 직접 여기저기 놓아 보면서 구성하여 표현한다.

6. 작품 제목, 작가 이름을 포스트잇에 적는다. 눈으로 보는 것 이외에 손으로 만지거나 입으로 부는 등 작품을 감상하는 방법이 있다면 함께 적는다.

민들레 송이

이준후
'후' 하고 입으로 불면서 감상하세요.

숨은그림찾기

숨어 있는 형태를 찾아봐요

　복잡한 일상의 풍경에서도 특정한 형태를 찾는 숨은그림찾기를 할 수 있어요. 주변에 여러 가지 모습 속에 어떤 형태들이 숨어 있거든요.
　이번에는 형태에 집중하면서 주변에 있는 것들을 살펴보세요. 예를 들어 다음과 같은 모습에서 무엇을 찾을 수 있을까요?

▲ 자연에서는 다양한 형태들이 숨어 있어요. 나뭇잎 모양이 물고기 같기도 하고, 로켓 같기도 해요.

　내가 알고 있거나 생각하는 물고기, 로켓 모양만 찾으려고 하면 어려울 수 있어요. 자유롭게 비슷한 것들을 떠올리면서 다른 사람이 봐도 그렇게 보일 만한 것이면 모두 좋아요. 집이나 교실 같은 실내도 가능하지만, 밖으로 나가면 훨씬 더 다양한 형태들이 숨어 있어요. 친구 또는 가족과 함께 자연 속에서 숨은그림찾기 놀이를 해 보면 더 재미있을 거예요.

모양을 숨긴 이유는 뭘까요?

　사물 또는 자연은 왜 모양을 숨기고 있을까요? 그 비밀에 대해 생각해 보기로 해요. 물론 자연스럽게 또는 우연히 만들어진 모양일 수 있어요. 그렇지만 형태가 가진 특징은 그것과 나를 연결하는 비밀 통로가 될 수 있거든요.

　예를 들면 빨간 하트 나뭇잎은 왜 심장과 비슷한 모양으로 붉게 물들었을까요? 두근두근 누군가 좋아하는 이가 있는 걸까요? 있다면 그는 누구일까요? 하트 나뭇잎이 되어 떨리는 그 일상 속으로 들어가 보세요.

　그 비밀에 다가가기 위해서는 대상에 공감할 수 있는 충분한 생각과 대화의 시간이 필요해요.

백조 형태를 숨기고 있는 보라색 꽃의 비밀이 궁금한가요? 한곳에 붙박이로 있는 꽃은 자유롭게 춤을 추고 싶었어요. 사람들이 모두 잠든 밤이 되면 푸른 물결을 일으키며 춤을 춰요.

◀ 보라색 꽃에는 어떤 비밀이 숨겨져 있을까요?

▶ 《춤추는 백조 꽃》 사람들이 잠든 밤 푸른 물결을 일으키며 춤을 춰요.

바라보고 다가가요 **043**

민들레는 왜 해처럼 빛날까요?

민들레는 그늘진 곳에서 더 반짝반짝 빛을 내며 주변을 환하게 밝혀요. 아무도 관심 갖지 않지만, 거기 자신이 있다고 빛으로 신호를 보내요.

◀ 민들레가 그늘진 곳에서 반짝반짝 빛을 내요.

▶ 《반짝반짝 빛나는 민들레》
사람들에게 내가 여기 있다고 신호를 보내는 걸까요?

나뭇잎은 왜 붉은 입술 모양을 숨기고 있을까요?

붉게 물든 나뭇잎은 무심히 지나치는 사람들에게 너무 말을 하고 싶었어요. 가을이 왔다고.

◀ 붉은 나뭇잎에는 어떤 모양이 숨어 있을까요?

▶ 《붉은 입술 나뭇잎》 사람들에게 가을이 왔다고 말하고 싶은 걸까요?

비밀 통로를 지나면서 자신을 새롭게 보게 되어요

　세모 돌멩이에 대한 비밀이 궁금한 친구가 있었어요. 돌은 왜 세모가 되었을까? 이리저리 구르며 깎이고 깎인 돌멩이가 살아온 여정을 머릿속으로 따라가 봤대요. 그리고 돌처럼 자신도 자라면서 몸도 마음도 많이 바뀌었다는 것을 깨닫게 되죠. 앞으로 어떤 모양으로, 또 어떻게 변화해 나갈지 궁금하고 기대된다고 해요.
　이 친구는 숨은그림찾기를 하면서 자신을 새롭게 바라보게 되었어요. 계속해서 성장하고, 변화하는 사람으로 말이죠. 돌멩이를 알아 가는 과정에서 자기 자신을 만난 거예요.

　어떤 대상을 깊이 있게 이해하다 보면 자신과 세상을 다시 만날 수 있는 깨달음이나 에너지를 얻게 돼요. 이것이 예술이 가진 힘이죠.

▲ 돌멩이가 이리저리 구르며 깎이고 깎여 세모난 모양을 갖게 되었어요. (사진·위키피디아)

　여러분이 만난 대상에 대한 비밀을 다른 사람도 공감할 수 있도록 그림 또는 글로 표현해 보는 거예요. 그리고 친구나 가족에게 소개해 보세요. 재미있는 표현이나 궁금한 점 등 서로 생각과 느낌, 그렇게 생각한 이유에 대해서도 이야기를 나눠 보세요. 그러다 보면 대상에 대해서 더 생각해 볼 수 있어요. 또 몰랐던 자신에 대해서도 조금 더 가까이 다가가게 될 거예요.

예술 놀이

숨은그림찾기

준비물 휴대폰(생략 가능), 도화지, 필기도구

놀이방법

1. 주변을 산책하면서 대상이 가진 형태를 주의 깊게 살펴본다.
2. 다른 것과 비슷한 숨어 있는 형태를 찾으면 수집한다. 수집이 어렵다면 사진을 찍는다.
3. 수집한 것과 숨어 있는 형태 사이에 연관성을 생각하면서 그림을 그리거나 시를 쓴다.

QR 코드로 더 알아보기

소리

대한민국 구석구석 '자연의 소리'

사물을 사용할 때 나는 소리에는 자연의 소리들이 많이 숨어 있어요. 반대로 바람 소리, 눈 밟는 소리, 모닥불 소리 등을 들으면서 숨어 있는 사물의 소리를 찾아보세요.

앤드류 황의 '사물 소리 음악'

캐나다의 작곡가이자 유튜버인 앤드류 황은 주변 사물의 소리를 다양한 방식으로 채집해서 음악을 만들었어요.

빨간 풍선으로 연주한 음악

가정용품으로 연주한 음악

QR 코드로 더 알아보기

색

클로드 모네의 루앙 대성당 연작

인상파 화가 모네가 그린 《루앙 대성당》을 감상해 보세요. 모네가 프랑스 루앙에서 그린 다른 그림들도 볼 수 있어요.

박미나 작가의 색깔 연구

박미나 작가는 색을 수집하고, 배열하면서 색을 연구해요. 어떤 연구를 했는지 작품들을 보고, 설명도 들어 보세요.

앨리슨 놀즈 《각각의 빨간 것에 대한 오마주》

미술관 바닥에 그려진 정사각형 공간에 관객들이 빨간색 물건을 가져다 놓는 참여형 예술 작품이에요. 우리 주변에 빨간색이 얼마나 다양하고, 풍부한지 느껴 보세요.

질감

프로타주 기법

프로타주는 마찰을 뜻하는 프랑스어예요. 예술가 에른스트가 발견한 표현 기법으로, 사물이나 자연물 표면에 종이를 대고 연필이나 크레용 등으로 문지르면 무늬가 나타나죠. 대상이 가진 질감을 연구하기에 좋은 표현 방법 중 하나예요.

안드레아스 에릭슨 '자연의 질감'

안드레아스 에릭슨은 자연을 그대로 따라 그리는 것이 아니라, 스스로 느낀 감각과 감정, 생각을 담아 표현해요. 조각조각 꿰맨 누더기 옷처럼 두껍게 물감을 칠하거나 실을 엮어 만든 작품에서 자연의 생생한 질감이 느껴져요.

도쿠진 요시오카 《토네이도》

도쿠진 요시오카는 재료가 가진 고유한 특성을 최대한 이용해요. 《토네이도》는 투명한 빨대 200여만 개를 쌓아 올려, 거친 폭풍우 구름을 떠올리게 해요.

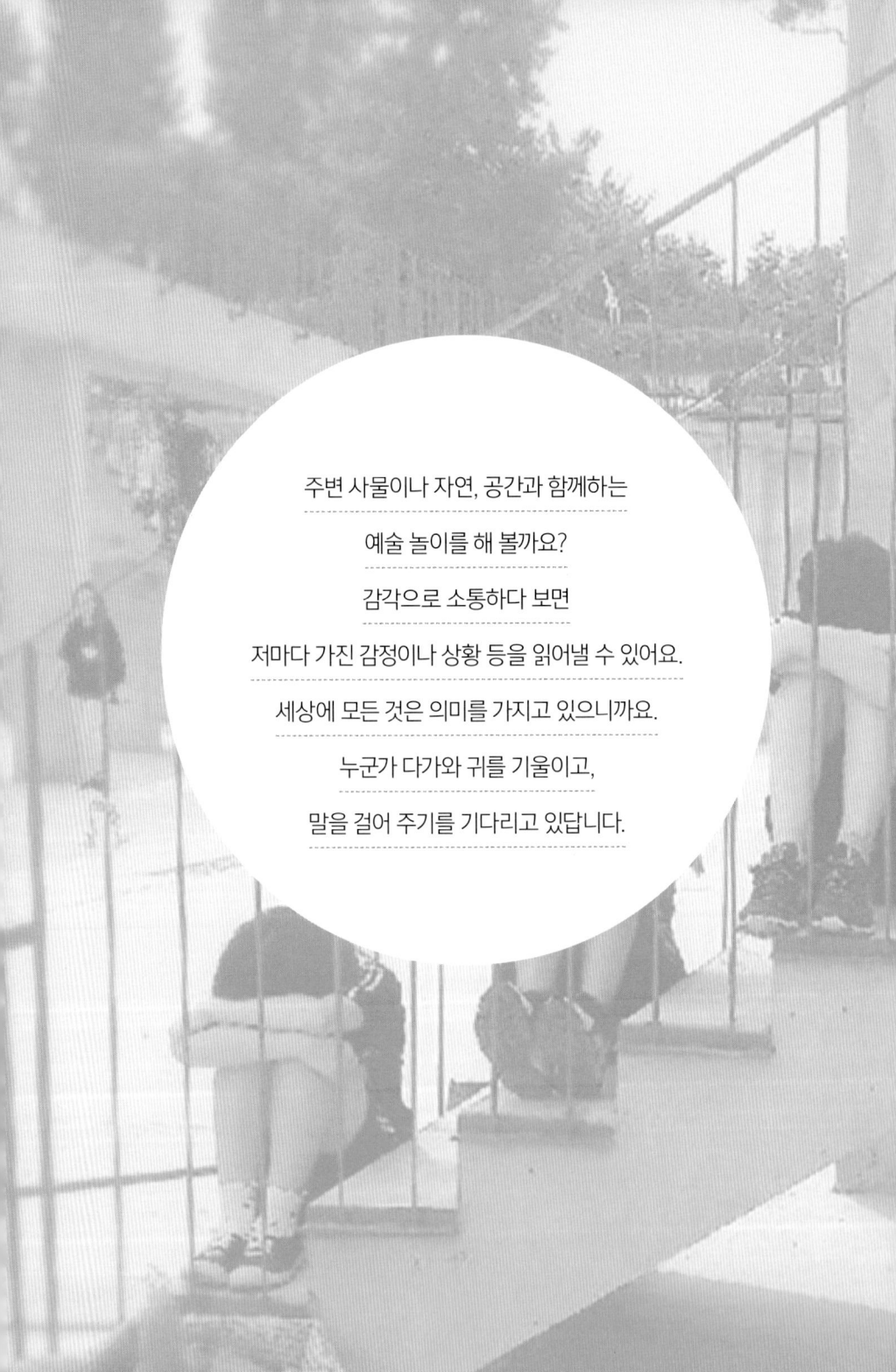

주변 사물이나 자연, 공간과 함께하는

예술 놀이를 해 볼까요?

감각으로 소통하다 보면

저마다 가진 감정이나 상황 등을 읽어낼 수 있어요.

세상에 모든 것은 의미를 가지고 있으니까요.

누군가 다가와 귀를 기울이고,

말을 걸어 주기를 기다리고 있답니다.

2

느낌이 통해요

이상한 숨바꼭질

공간과 합체해 보아요

'합체' 하면 무엇이 떠오르나요? 변신 로봇들이 합체하는 것이 떠오르기도 하는데요. 합체는 두 개 이상이 하나가 되는 것을 말하죠.

그런데 주변 공간과도 하나가 될 수 있을까요? 보통 숨바꼭질 놀이를 할 때, 자연스럽게 공간과 합체를 하게 되죠. 술래에게 들킬세라 공간에 딱 붙어서 숨었던 기억이 있을 거예요.

공간과 하나가 되어 숨는 숨바꼭질은 같지만, 조금 이상

▲ 주변 공간에서 선이나 면을 찾고, 거기에 꼭 맞게 몸을 맞춰서 숨는 숨바꼭질 놀이를 해 봐요.

한 숨바꼭질을 소개할게요. 이 놀이는 주변 공간에서 선이나 면을 찾고, 그것에 꼭 맞게 몸을 맞춰서 숨는 놀이예요. 틈새 공간이 있다면 몸으로 그 틈을 채울 수도 있어요. 그러면 눈에 보이더라도 술래가 찾거나 잡지 못하겠지요. 혼자서 공간과 하나가 되어도 좋지만, 술래를 제외한 친구들과 합체해 보아도 재미있어요. 반복된 선이나 넓은 면, 틈새 공간을 찾아 여럿이 함께 합체하는 거죠.

　놀이 방법을 이해했다면, 이제 술래를 정해 볼까요?

느낌이 통해요　　055

예술가의 놀이에서 아이디어를 얻었어요

 이 놀이는 안무가이자 비디오 예술가인 빌리 도르너의 작품에서 아이디어를 얻었어요. 안무가는 무용을 만드는 사람이죠.
 빌리 도르너가 연출한 《도시 공간 속 신체들》이라는 공연 작품은 세계 여러 도시에서 펼쳐졌어요. 이 공연을 처음 마주한 사람들 입장에서 따라가 볼게요.

 도시는 바쁜 사람들로 늘 붐비죠. 갑자기 알록달록 후드 티셔츠를 입은 사람들이 나타나서 떼를 지어 달려가요. 주변 사람들은 의아해해요. 무슨 일인지 함께 따라가 봅니다.
 후드티셔츠를 입은 사람이 신호등에 매달려 있어요. 건물과 표지판 사이에 아슬아슬 끼어 있기도 해요. 후드티셔츠를 입은 사람들이 또 있는지 다른 곳으로 이동해 봐요. 나무와 울타리, 건물과 지붕 사이 등 도시 곳곳에 있는 틈

▲ 《도시 공간 속 신체들》(독일 하이브론, 2011) 안무가이자 비디오 예술가인 빌리 도르너의 작품이에요.

새 공간에 몸을 채워 넣었어요. 혼자 또는 여럿이 공간에 어울리는, 하지만 위험해 보이기도 하는 자세를 하고 있어요. 건물 위에서 구조물과 비슷한 위태로운 자세로 있기도 해요. 장난감 블록처럼 계단을 따라 몸을 쌓아 올리기도 했어요.

　이상한 행동을 보고 놀랐던 사람들은 차차 그들이 무언가를 표현하고 있다고 생각하죠. 사진을 찍고, 친구나 가족에게 이 모습을 전하기도 해요.

　마지막으로 후드티셔츠를 입고 공연을 한 사람들은 모두 한곳에 모여요. 어깨동무를 하고 관객들에게 인사를 하죠. 사람들은 박수를 칩니다. 그때 누군가 달려와 공연한 사람들 가운데 서네요. 그리고 관객들을 향해 모두 함께 다시 한번 인사를 해요. 마지막으로 달려온 이가 바로 안무가 빌리 도르너예요.

　이상한 숨바꼭질 놀이는 빌리 도르너의 작품과 아주 비슷해요. 안무가의 작품인데, 무용 같지 않다고요? 무용 하면 화려하거나 힘이 넘치는 몸동작, 움직임이 떠오르죠. 그런데 아이들이 하는 놀이 같은 것, 정지해 있는 것도 무용이 될 수 있는지 이상하다고 느낄 수 있어요. 위험해 보이는데 무용수들이 이런 걸 왜 하는지는 더 모르겠다고요? 무용수들은 훈련된 사람들이기 때문에 가능한 거예요. 아무나 따라 하면 매우 위험하죠.

　빌리 도르너는 어떤 순간, 어떤 장소에 신체를 배치하는 것이 안무라고 말해요. 도시 안에서 장소를 찾아내고, 그 장소에 신체를 어떻게 배치할 것인지가 중요하다는 거죠. 빌리 도르너는 우리가 생각하는 춤, 춤을 만드는 것에 대한 생각을 확장시켜 줘요.

여러분이 했던 '이상한 숨바꼭질' 그 자체가 춤이고, 안무인 거죠. 우리 일상이 춤이고, 예술이 되는 순간을 경험한 거예요.

일상 공간을 이해해 봐요

일상에서 공간은 늘 주인공이 아닌 배경이 되죠. 우리에게 익숙한 일상 공간은 관심 대상이 아니니까요. 가구를 배치한다든가 공간을 꾸밀 때, 공간을 주의 깊게 살피기는 하죠. 하지만 이때 주인공은 보통 가구이거나 장식물이 돼요. 오히려 이런 것들이 없을 때, 공간을 더 잘 느낄 수 있죠.

그런데 이상한 숨바꼭질 놀이를 할 때는 공간에 집중해서 관찰하게 돼요. 반복되는 선이나 면, 공간이 어떻게 구성되어 있는지 특징을 파악하죠. 동시에 혼자 또는 친구들과 함께 이 공간을 어떻게 채울 수 있을지 생각하면서요. 공간과 어울리는 신체 자세를 찾는 것도 공간을 이해하는 과정이에요. 그리고 신체로 직접 공간을 채우면서 온몸으로 공간을 느끼게 되죠.

놀이가 끝난 후에 주변을 다시 한번 둘러보세요. 주변 공간이 새롭게 다가올 거예요. 그때가 바로 일상 공간이 주인공이 되는 순간이에요.

공간과 합체 놀이

이상한 숨바꼭질

놀이방법

1. 술래를 정한다.
2. 술래가 열을 세거나 "무궁화 꽃이 피었습니다!" 하고 외칠 동안, 혼자 또는 여럿이 주변에 있는 선, 면, 틈새 공간과 하나가 되어 숨는다.
3. 술래는 공간과 하나가 되지 않았거나, 움직여서 눈에 띄는 친구를 찾는다.
4. 술래에게 들켜서 잡힌 친구가 새로운 술래가 된다.

> **참고**
> 주변에 반복된 선이나 면, 틈새 공간을 찾아 여럿이 함께 공간에 어울리는 동작을 연출하는 사진 또는 영상을 찍을 수도 있다.

아슬아슬한 균형

균형 잡기 놀이를 해 봐요

 사람들은 지루하거나 따분할 때, 균형 잡기 놀이를 해요. 주변에 안정적으로 놓여 있는 연필이나 지우개 같은 사물을 세워서 균형을 잡아 본 적이 있을 거예요. 너무 쉽게 균형이 잡히는 사물은 우리의 도전 대상이 아니죠.
 보통 사물은 안정적으로 사용할 수 있도록 균형 잡힌 디자인이 되어 있어요. 그러다 보니 일반적으로 사물이 놓인 형태가 아닌 방식으로 균형을 잡으려고 도전해요.
 균형을 잡기 위해서는 사물이 가진 무게중심을 파악해

▲ **《균형 잡기 놀이》** 주변 사물들의 무게중심을 이용해 아슬아슬 균형을 잡는 놀이를 해 봐요.

야 해요.

'무게중심'은 바닥에 사물을 놓았을 때 균형을 유지해서 어느 한쪽으로도 기울지 않는 균형점을 말해요. 무게중심이 낮을수록 안정적이고, 높을수록 불안정해요. 그래서 긴 물건을 세우는 것이 어렵죠. 두 개 이상 사물을 쌓아서 균형을 잡기도 해요.

예를 들어 돌탑을 쌓는다면 돌 하나하나가 가진 무게중심이 일직선이 되도록 쌓아야 쓰러지지 않아요. 만약 시소처럼 쌓는다면 양쪽 무게가 균형을 이루어야 해요.

또한 균형을 잡는 위치도 중요하죠. 안정적인 사물도 어디에 어떻게 놓느냐에 따라 균형이 쉽게 깨질 수 있으니까요.

공간에 바닥뿐만 아니라 벽, 틈새 등을 활용해 신체와 함께 균형을 잡으면 더 재미있어요. 균형을 잡기 어려운 도전일수록 사람과 대상이 하나가 되는 것이 중요해요. 주변 사물들로 아슬아슬한 균형을 이뤄 보세요.

아슬아슬한 조각 작품이 새로운 느낌을 줘요

누구나 불편하거나 불안한 느낌을 불러일으키는 것에 자연스럽게 시선이 가요. 예술가들은 이 불안함을 창작에 활용해요. 긴장감과 호기심을 불러일으키니까요. 또 위태로운 구도 자체가 주는 운동감과 리듬감이 흥미를 느끼게 하죠.

이런 균형 놀이를 즐긴 예술가 중 한 명이 조각가 에르

▲ 우리 스스로가 조각 작품이 되어 균형 잡기 놀이를 해 볼 수도 있어요.

빈 부름이에요. 에르빈 부름은 주변 사물을 활용해서 다양한 방식으로 균형 잡기를 했어요.

  오렌지 세 개를 아슬아슬 쌓아 올리는 것은 기본이고요. 허리를 숙이고 허리 위에 사물을 올린다든가, 두 발 위에 각각 볼펜을 세우는 등 여러 시도를 했어요. 이때 사물은 기능이 있는 물건이 아니라 오브제가 되는 거예요. '오브제'는 작품에서 본래 용도가 아닌, 새로운 느낌을 불러일으키거나 의미를 가진 것을 말해요.

에르빈 부름은 형태가 변하는 모든 것을 조각이라고 보았어요. 여러분은 균형 잡기를 하면서 수도 없이 많은 조각 작품을 만든 거예요. 스스로 조각 작품이 되기도 했고요.

관계 속에서 균형을 잡아 나가요

균형을 잡다 보면 대상 사이에 관계를 생각하게 돼요.

다음 사진에서 긴 나뭇조각이 없다면 넓적한 나뭇조각은 테이블에서 떨어졌을 거예요. 테이블 모서리에 위치한 긴 조각은 넓적한 조각이 있어서 조금은 안정적으로 보여요. 두 조각은 서로 부족한 부분을 보완해 주는 관계인 것이죠.

조각가 주세페 페노네는 어린 나뭇가지 위에 돌을 올려 두었어요. 돌은 바람에 떨어지지 않을 정도로 묵직해요. 하지만 나뭇가지가 지탱할 수 있을 만한 크기예요. 오랜

▲ 긴 나뭇조각과 넓적한 나뭇조각이 서로 보완적인 역할을 해서 테이블 모서리에서 균형을 잡아 떨어지지 않고 있어요.

시간이 지나 이 나무와 돌은 어떻게 되었을까요? 조금 아슬아슬해 보이기는 하지만, 돌은 나뭇가지 위에 안정적으로 있었대요. 나무가 돌을 품고 가장자리로 가지를 뻗으면서 성장했거든요. 나무가 자라면서 돌이 떨어졌을 수도 있을 것 같은데 놀랍지 않나요?

▲ 《돌의 생각》(주세페 페노네, 2004) 나뭇가지에 바람에도 떨어지지 않을 만큼 묵직한 돌들을 올려 둔 조각 작품이에요.

주세페 페노네는 실제 나무와 돌을 옮길 수 없어서 조각으로 만들어 세계 여러 미술관에 전시하고 있어요. 이 작품의 제목은 《돌의 생각》이에요. 돌이 생각을 한다는 게 재미있죠. 또 나무가 돌의 생각을 떠받치고 있는 것도 흥미로워요. 마치 나무가 돌을 아이처럼 안고 있는 것 같아요. 너무나 다른 두 대상이 서로를 이해하고, 받아들여 주는 모습에서 따뜻함이 느껴져요.

우리 삶에서도 누구나 균형 잡기를 해요.
내 삶에서는 누가 나와 함께 균형을 이루고 있나요? 그 모습은 어떠한가요? 안정을 이룰 때도 있고, 아슬아슬한 순간도 있겠죠.
이 질문에 스스로 답을 찾다 보면 내가 균형을 이룰 수 있도록 돕는 이들에게 감사함을 느끼게 돼요. 아슬아슬하다고 느끼는 부분이 있다면 어떻게 균형을 잡을 수 있을지도 생각해 보게 되죠.

불균형이 꼭 나쁜 건 아니에요. 나를 둘러싼 관계들이 갖는 힘의 균형은 언제든 변화할 수 있으니까요. 지금은 내가 누군가에게 많이 의지하고 있지만, 반대로 상황이 바뀔 수도 있죠. 중요한 것은 서로 간에 균형을 잡아 나가는 노력이지 않을까요?

균형 놀이

아슬아슬한 균형

준비물 여러 가지 사물, 휴대폰(생략 가능)

놀이방법

혼자 또는 친구, 가족과 함께 단계별로 놀이한다.

1단계 : 사물의 개수를 늘려 가며 아슬아슬한 균형을 이룬다.

2단계 : 사물과 신체를 활용해 아슬아슬한 균형을 이룬다.

3단계 : 문턱이나 문틈, 벽 등 주변 공간과 사물, 신체를 모두 활용해 아슬아슬한 균형을 이룬다.

> **참고**
> 도전, 협력, 웃음, 기발함 등을 기준으로 상을 줄 수도 있다.

그림자로 전하는 말

그림자로 대화를 나눠요

 빛이 그리는 그림, 그림자는 우리의 상상을 불러일으켜요. 사물과 빛과의 거리 또는 각도에 따라 다른 모양과 크기의 그림자가 만들어지니까 신기하기도 하죠. 여러 가지 모양의 그림자를 만들면서 재미있어했던 경험이 있을 거예요. 또 그림자가 이야기 속 인물로 등장하는 그림자극도 해 봤을 것 같아요.
 보통 사물과는 별개로 그림자에만 주목했을 텐데요. 사물과 그림자를 연결해서 둘 사이 관계에 대해 생각해 본

▲ 사물과 빛과의 거리 또는 각도에 따라 다른 모양과 크기의 그림자가 만들어져요. 그림자는 우리의 상상을 불러일으켜요.

적이 있나요? 사물과 변화하는 그림자 사이에는 무슨 관련이 있을까요? 사물이 그림자를 통해 우리에게 전하고 싶은 이야기가 있는 것은 아닐까요? 사물이 그림자로 말을 한다면, 무슨 말을 할지 그림자놀이를 하면서 이야기 나눠 보아요.

사물은 누가 어디서 어떻게 사용하느냐에 따라 저마다 다른 이야기들이 있어요.

배드민턴 셔틀콕은 그림자로 말해요

셔틀콕은 사막까지 날아가고 싶다고 해요. 왜 그렇게 멀리 날아가고 싶은지 그 이야기를 들어 보죠.

셔틀콕은 주말만 기다려요. 평일에는 수납장에 갇혀 지내다가 주말에는 아저씨와 밖으로 나가요. 비라도 오면 계속해서 수납장 신세지만 말이죠. 집으로 나설 때가 제일 설레요. 배드민턴장에서는 선수들 두 명 사이를 반복적으로 오가다 이러저리 내다 꽂히기 일쑤예요. 그래서 언젠가 저 멀리 선인장이 있는 사막까지 날아가고 싶다고 말해요.

이번에는 종이컵이 하는 이야기를 들어 볼까요?

이 종이컵은 공항에 있는 커피 자판기에서 나왔어요. 누군가 자판기를 사용했는데, 재료 부족으로 종이컵만 덜렁 나오고 버려졌대요. 종이컵은 왜 호텔이 되고 싶다는 걸까요?

엄청 좋은 호텔이 되면 좋겠어!

종이컵은 여행에 대한 설렘과 추억으로 한껏 들뜬 여행객들이 좋았어요. 여행객들과 오래도록 함께하고 싶은데, 종이컵은 한 번 쓰고 버려지는 게 너무 슬펐어요. 그래서 더 이상 커피를 담는 컵이 아니라 여행객들과 함께 숨 쉴 수 있는 멋진 호텔이 되는 꿈을 꾸었답니다.

서류 집게가 하는 이야기가 보이고 들리나요?

서류 집게의 목소리는 아주 시끄럽네요.

서류 집게는 서랍에 갇힌 채 주인의 기억에서 사라져 버렸대요. 그래서 자신에게도 관심을 좀 가져 달라고 해요. 빛에 따라 서류 집게 그림자가 좌우로 움직이면서 커지고 작아지는 모습이 마치 애원하는 것 같아요.

사물과 관계 맺으며 살아가요

여러분은 주변의 사물과 어떤 이야기를 가지고 있나요? 사물의 이야기는 사물을 사용하는 사람과의 관계 속에서 만들어져요. 사람이 즐겨 사용하는 물건들은 너무 피곤해서 쉬고 싶을 수 있어요. 반대로 잘 찾지 않는 물건은 관심을 가져 주길 바랄 수 있겠죠.

사람만 사물에 일방적으로 영향을 미치는 것 같지만, 사물도 사람에게 영향을 미쳐요. 옷이나 신발에 따라 발걸음이 달라지기도 하고요. 길을 가다 나무가 있으면 피해서 가죠. 뭐니 뭐니 해도 휴대폰이 사람들의 생활에 가장 많은 영향을 미칠 거예요.

그림자로 사물과 대화를 나누다 보면 사물을 더 깊이 이해하게 돼요. 그러면 사물은 이제 더 이상 필요에 따라 쓰고, 버리는 대상이 아니게 되죠. 사람들과 함께 관계 맺으며 살아가는 친구가 되는 거예요. 사물과 함께 이야기 나누는 특별한 관계를 계속 이어 나가면 좋겠네요.

그림자 놀이

그림자로 전하는 말

준비물 여러 가지 사물, 손전등/휴대폰, 도화지, 포스트잇, 필기도구

놀이방법

1. 바닥에 도화지를 깔고 사물을 올려 둔다.
2. 사물에 손전등을 비춰 그림자를 만든다. 손전등의 위치를 바꿔가며 변화하는 그림자를 관찰한다. 사물이 그림자로 무슨 말을 전하는 것인지 이야기를 상상한다.
3. 여러 사물의 그림자를 관찰하고, 사물이 하고 싶은 말, 이야기를 상상해 본다.
4. 그중 한 가지 사물을 선택해 사물의 목소리가 잘 드러나도록 그림자에 그림을 덧그린다.

5. 사물이 그림자로 전하는 말을 포스트잇에 적어 도화지에 붙인다.
6. 사물에 손전등을 비춰 감상한다.

> **참고**
> 손전등의 위치에 따라 사물의 그림자가 움직이는 모습을 동영상으로 촬영해 영상 작품으로 만들 수도 있다.

거울로 비춘 세상

반사 놀이를 해 봐요

가끔 빛이 거울이나 금속에 반사된 이미지가 우리의 시선을 끌 때가 있어요. 별 같기도 하고, 나비 같기도 하죠. 어렸을 때는 이 이미지를 잡으려고 안간힘을 썼던 기억이 나요. 좀 더 커서는 거울로 반사 놀이를 하면서 이미지를 스스로 만들었어요. 거울에 빛을 비추면 천장이나 벽에 반사 이미지가 생기니까요. 친구에게 빛을 반사하기도 했죠. 여러분도 비슷한 경험이 있을 거예요.

특정한 형태로 반사 이미지를 만들고 싶다면 어떻게 해

▲《반사 놀이》 동물이나 식물 그림으로 반사 이미지를 만들어 벽 등에 붙이고 손전등의 위치나 각도를 조정해 반사 놀이를 해 봐요.

야 할까요? 얇은 거울 종이가 있다면 형태를 그리고 오려서 빛을 비추면 되죠. 오릴 수 없는 두꺼운 거울만 가지고 있다면 종이를 활용하면 돼요. 거울 크기에 맞춰서 종이에 형태를 그리고, 가위로 오려내요. 구멍이 뚫린 종이가 반사 이미지를 만들 틀이 됩니다. 거울 위에 구멍이 뚫린 종이를 올려 두고, 빛을 비추면 모양대로 반사 이미지가 만들어져요.

동물이나 식물 그림을 그려서 반사 이미지를 만들어 보세요. 손전등의 위치나 각도를 조정해 천장이나 벽 등 대상과 어울리는 곳에 이미지를 배치해 보세요.

반사된 세상을 새롭게 만나요

어디에 어떤 이미지를 만들었나요?

좋아하는 동물이나 식물의 반사 이미지를 만들었을 것 같아요. 이들이 안심하고 편히 쉴 수 있는 장소로 책상 아래나 방 한쪽 구석을 선택했을 수도 있고요. 자유를 찾아 나갈 수 있는 창이나 문 근처를 선택했을 수도 있을 것 같아요. 신나게 뛰어다니거나 훨훨 날 수 있는 넓은 천장이나 벽면에 배치한 경우도 있을 거예요.

반사 이미지는 그 종류와 위치에 따라 느낌이 달라요. 이제는 사라지고 없거나 멸종 위기에 처한 동식물이라면 안타깝다거나 더 신비롭게 느껴지기도 해요.

반사 이미지를 이곳저곳에 배치해 보면서 느낌을 비교해 보세요. 또 이미지가 하나일 때와 여럿일 때도 그 느낌이 달라요. 여러 개의 이미지를 만들어서 천장에 배치하고, 누워서도 감상해 보세요.

▲ 의자에 연꽃　　　▲ 나무 그림에 여우원숭이　　　▲ 천장에 드래곤

두 세계는 영원히 만날 수 없나요?

　시각예술가인 이창원 작가는 동식물이 등장하는 거울 반사 이미지로 작품을 만들었어요.
　미술관의 벽면을 이미지로 가득 채웠는데요.
　나뭇가지, 소, 물고기, 사람의 손 등이 한데 어우러져 있어요. 서로 다른 대상이 함께 공존하고 있는 반사 이미지가 아주 평화로워 보여요.

▲ **《낙원》**(이창원, 2012) 미술관의 한 벽면을 동식물 등 다양한 반사 이미지로 가득 채운 작품이에요.

    작품을 보면 떠오르는 이미지 그대로 작품의 제목은 《낙원》이에요. 낙원은 아무런 괴로움이나 슬픔 없이 살 수 있는 즐거운 곳이죠.

    그러나 빛으로 그려진 아름다운 이미지는 우리를 이와는 정반대인 슬픈 현실로 이끌어요. 빛은 우리 현실을 담은 신문기사를 비추고 있거든요. 반사 이미지는 모두 신문기사 사진 속 동식물을 오려내서 만들었어요. 한가로이 풀을 뜯고 있는 것 같은 들소는 구제역으로 쓰러진 소예요. 평화로워 보이는 나무는 토네이도로 폐허가 된 도시의 나무예요.

  실제로 작품을 본다면 현실과 환상의 차이가 더욱더 크게 느껴질 거예요.

  이 작품이 포함된 전시의 제목이 《평행한 두 세계》였어요. 평행하다는 것은 두 개의 직선 또는 평면이 나란히 있어서 끝없이 이어져도 서로 만나지 않는 상태를 말해요. 이 두 세계는 평행해서 영원히 만날 수 없을까요? 인간과 자연이 평화롭게 공존하는 것은 이룰 수 없는 꿈일까요?

거울 반사 놀이

거울로 비춘 세상

준비물 거울(거울지), 손전등/휴대폰, 종이, 가위, 필기도구

놀이방법

1. 만들고 싶은 동식물의 반사 이미지 형태를 종이에 거울 크기보다 작게 테두리 선으로 그린다.

2. 가위로 선을 따라 형태를 오려내서 반사 이미지 틀을 만든다.

3. 거울 위에 구멍이 난 반사 이미지 틀을 올려 둔다. 빛을 비춰 반사 이미지를 만든다.

4. 거울과 손전등의 위치와 각도를 조정해 원하는 곳에 반사 이미지를 만든다.

5. 친구 또는 가족과 함께 여러 가지 동식물이 공존하는 반사 이미지를 만든다.

참고

손전등 없이 실내조명 또는 햇빛을 이용해서도 거울 반사 이미지를 만들 수 있다.

QR 코드로 더 알아보기

공간

빌리 도르너 《거실》

이상한 숨바꼭질은 집 안에서도 할 수 있어요.

장성은 《공간 측정》

시각예술가 장성은은 사람 몸을 기본 단위로 공간의 길이나 너비, 면적을 나타내는 사진 작업을 했어요. 정확한 수치는 알 수 없지만, 공간이 얼마나 길거나 넓은지 훨씬 더 감각적으로 느껴져요.

균형

에르빈 부름 《1분 조각》

관객들을 짧은 시간 동안 조각 작품이 되게 해요. 관객은 작가가 지시하는 대로 사물을 활용해서 특정한 자세를 취하게 되거든요.

김시연 《노르스름한》

일상에서 사용하는 사물들을 테이블에 아슬아슬하게 설치하고, 사진을 찍은 작품이에요. 사물들이 어디에 어떻게 놓여 있는지에 따라 서로 다른 관계 또는 상황, 감정들을 느낄 수 있어요.

라우엔슈타인 형제 애니메이션 《균형》

단편 애니메이션 《균형》은 독일의 라우엔슈타인 형제의 작품이에요. 1989년 아카데미 시상식에서 최우수 단편 애니메이션 상을 수상하기도 했어요. 사람들은 나무상자를 차지하기 위해서 이리저리 판을 옮겨 다니죠. 균형을 깨뜨리고 다시 맞추는 상황으로 우리 사회 모습을 빗대어 표현하고 있어요.

그림자

빈센트 발 《그림자 예술》

빈센트 발은 벨기에 영화감독이자 그림자로 그림을 그리는 예술가예요. 그림자에 작가의 상상을 더한 작품들을 감상해 보세요.

느낌이 통해요

QR 코드로 더 알아보기

데몬 벨렌저《그림자 예술》

데몬 벨렌저는 미국의 시각예술가예요. 공공 설치물이 있는 바닥에 회색 페인트로 꽃이나 유령, 동물 등의 그림을 테두리 선만 살려서 그려요. 그래서 그림자와 비슷한 착시효과를 불러일으키죠. 기발한 아이디어로 도시에 상상을 불어넣어 시민들에게 놀라움과 즐거움을 주고 있어요.

로랑 크래스티《퍼레이드》- 춤추는 그림자

《퍼레이드》는 로랑 크래스티가 Dpt 스튜디오와 협력해서 만든 작품이에요. 천장에 매달린 조명이 서랍장 위에 꽃병 두 개를 비추고 있어요. 관객이 조명을 움직이면, 꽃병의 그림자가 마법처럼 살아나요. 흔들리는 조명의 리듬에 맞춰 춤을 추죠. 그러니까 이 작품은 관객의 참여로 완성되는 참여형 설치미술 작품이에요.

거울

이창원《릴리즈(Release)》연작

이창원 작가의 다양한 거울 반사 작품을 감상해 보세요. 미술관에 하얀 벽면을 가득 채운 자연의 반사 이미지《평행세계_낙원》과는 다른 생각과 느낌이 들 거예요.

올라퍼 엘리아슨《우주 먼지 입자》

빛의 마법사로 불리는 올라퍼 엘리아슨은 빛의 속성을 활용해 관객들을 또 다른 세계로 안내해요.《우주 먼지 입자》는 거울 필터 유리와 철근 등으로 만들어진 커다란 공이 공중에 매달려 있어

요. 이 구조물은 서서히 회전하면서 주변 공간에 반사 이미지 조각을 흩뿌려 놓아요. 이 조각들이 작품의 제목처럼 우주 공간에 흐르는 아주 작은 알갱이, 우주 먼지 입자라면 관객들은 어떤 기분이 들까요?

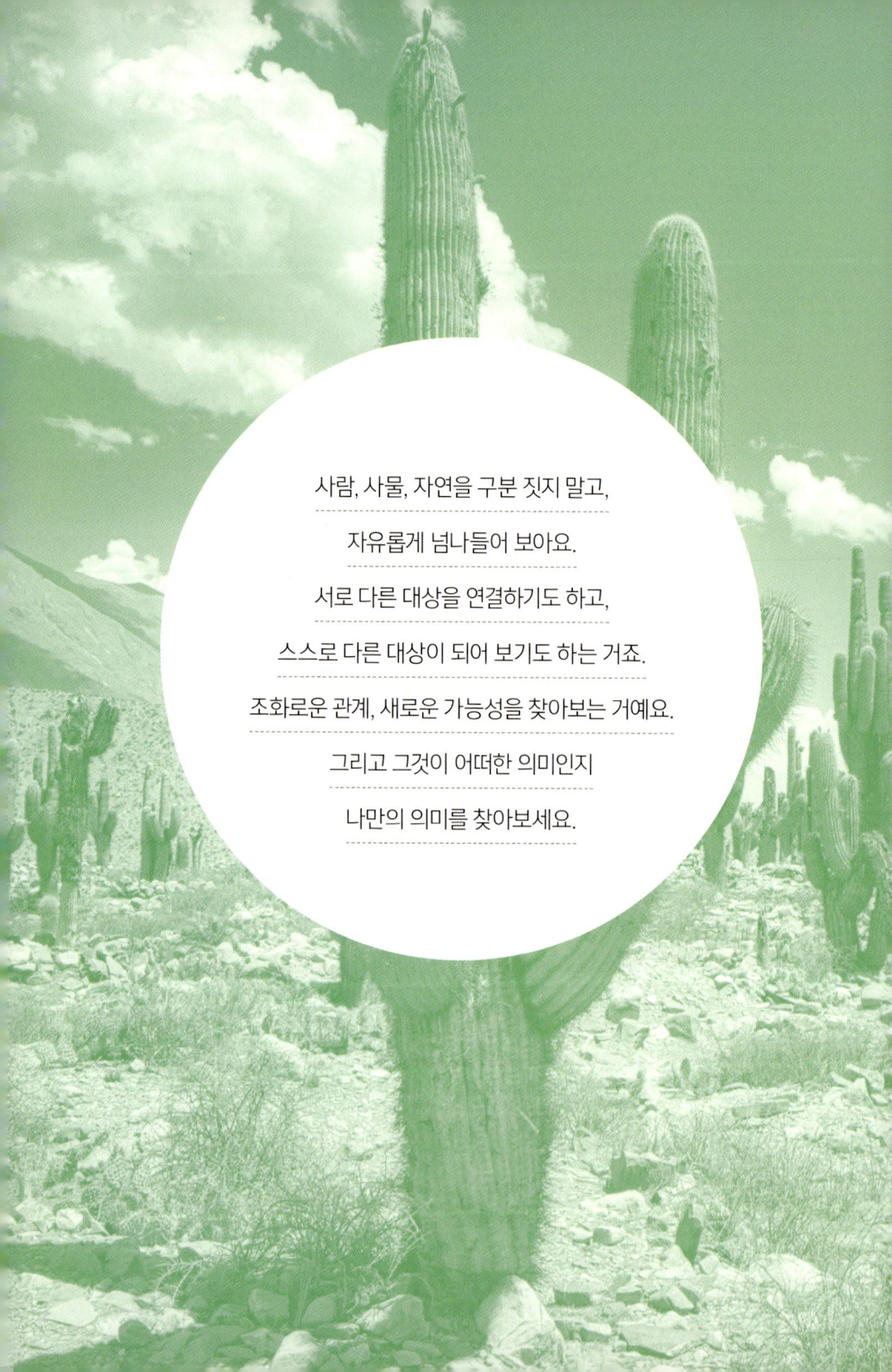

사람, 사물, 자연을 구분 짓지 말고,

자유롭게 넘나들어 보아요.

서로 다른 대상을 연결하기도 하고,

스스로 다른 대상이 되어 보기도 하는 거죠.

조화로운 관계, 새로운 가능성을 찾아보는 거예요.

그리고 그것이 어떠한 의미인지

나만의 의미를 찾아보세요.

3

경계를 넘나들어요

사라진 아이의 비밀

어느 날 한 아이가 사라진 이야기 상황 속으로 들어가 볼게요. 이야기의 무대는 탐정사무소예요. 탐정 소장과 미루, 라니 두 명의 어린이 탐정이 등장합니다.

이야기 속으로

탐정 소장 동네가 조용해도 너무 조용하단 말이야. 가만히 있다 보니 옛날 생각이 나는군. 자네들, 언젠가 늦은 밤에 바닷가재 수십여 마리가 횟집 수족관을 탈출했던 사건 기억나나? 마을버스

방귀사건은? 아, 그 왜 지독한 방귀로 승객 수십 명이 대피했던 사건 말이야. (거들먹거리며) 이 동네 사건이란 사건은 모두 다 내가 해결했지.

탐정들은 웃음이 나오는 걸 참는다. 그때 갑자기 문을 두드리는 소리가 들리고, 걱정이 가득해 보이는 한 아주머니가 들어온다.

아이 엄마 여기가 어린이 탐정이 있다는 탐정사무소가 맞나요?

탐정 소장 (점잖은 목소리로) 네. 맞습니다. 제가 여기 탐정사무소 소장입니다만······.

아이 엄마 저······, 우리 아이 좀 찾아주세요. 어린이 탐정님들이 우리 아이가 어디로 갔는지 잘 알아내실 수도 있을 것 같아 찾아왔어요.

탐정 소장 (한 손으로 입을 가리고, 탐정들을 향해 입만 벙끗하며) 사건이야. 사건!

아이 엄마 우리 아이가 감쪽같이 사라졌어요.

탐정 소장 좀 더 자세히 설명해 주시겠습니까?

아이 엄마 그러니까 어제 아침에 일어나 보니 아이가 사라지고 없는 거예요.

탐정 소장 친구나 친척 집에 간 것은 아닐까요?

미루 탐정 가출한 걸 수도 있죠.

미루 탐정은 자기도 모르게 큰 소리로 말해서 놀란 표정을 짓는다.

아이 엄마 어머, 가출을 의심하는 건가요? 우리 아이는 그런 아이가 아니에요. 얼마나 착한데요.

탐정 소장 네. 알겠습니다. 그러면 먼저 사건을 파악하기 위해 협조를 좀 부탁드립니다.

아이 엄마 물론이죠. 얼마든지요.

탐정 소장 아이에 대해 좀 설명해 주시겠습니까?

아이 엄마 11살 남자아이고요. 친구들이랑 축구하고, 군

것질하기 좋아하는 평범한 아이예요.

탐정 소장 언제, 어떻게 사라진 거죠?

아이 엄마 아침에 깨우러 방에 들어갔는데, (울먹이며) 아이가 사라지고 없는 거예요.

탐정 소장 자네들도 아이에 대해 궁금한 점이 있으면 물어보게나.

어린이 탐정들은 진지하게 질문하기 시작한다.

라니 탐정 외부인의 침입 흔적은 없었나요?

아이 엄마 흔적 같은 건 전혀 없었어요. 물론 아이가 나간 흔적도 없었고요.

미루 탐정 사라지기 전에 평소와 다른 점은 없었나요?

아이 엄마 아뇨, 여느 때와 똑같았어요.

미루 탐정 친구와 싸웠다거나……, 부모님께 불만을 가질 만한 일은 없었을까요?

아이 엄마 그런 일은 없었어요. 우리 민성이는 부모 말 잘

들고, 친구들과도 사이가 아주 좋아요.

탐정 소장 사소한 것도 좋습니다. 조금이라도 이상한 점은 없었습니까?

아이 엄마 음……, 그러고 보니 이상한 점이 있긴 했어요. 무더운 날씨에 에어컨도 켜지 않고, 방에만 틀어박혀 있는 거예요. 게다가 두꺼운 파카를 끼어 입고, 땀을 삐질삐질 흘리고 있지 않겠어요. 그런데 선선한 밤에는 에어컨을 세게 틀어놓고, 달달 떨고 있지 뭐예요. 입맛이 없다며 밥도 먹는 둥 마는 둥 하고, 물만 계속 마셔서 어디가 아픈가 걱정했죠.

라니 탐정 방에서 특별히 하는 건 없었나요?

아이 엄마 책을 보거나 공책에 무언가 열심히 끄적거리더라고요. 무슨 연구 일지를 쓰고 있다나 뭐라나 했어요.

미루 탐정 연구요? 그 공책 가지고 계시나요?

아이 엄마 아이 방을 살펴보았는데, 그건 없었어요.

라니 탐정 무슨 책을 보던가요?

아이 엄마 식물에 관한 책이었어요. 무슨 식물인지 잘라서 들여다보고 있더라고요. 우리 애가 원래 과학 중에서도 생물을 좋아해요.

미루 탐정 (확신에 차서) 혹시 사막에 사는 식물에 관한 책 아니었나요?

아이 엄마 네, 맞아요. 그걸 어떻게 아셨죠?

미루 탐정 (무언가 골똘히 생각하며 혼자 중얼거린다) 사막에 적응하려고 연습한 거지.

아이 엄마 네? 그게 무슨 말씀이신지?

탐정 소장 아……, 저희가 좀 더 조사를 하고 연락을 드리도록 하겠습니다.

탐정 소장은 서둘러 상황을 정리한다.

아이 엄마 무슨 연습을 했다는 것인지 알 수 없지만, 일단 탐정님들만 믿고 돌아가겠습니다.

사건을 해결하는 비법은?

탐정들은 사라진 아이의 집과 학교를 조사하고 돌아와 회의를 연다.

탐정 소장 마술처럼 감쪽같이 사라졌군. 그런데 말이야. 집에 있는 화분에 없었던 선인장이 생긴 게 아무래도 수상해.

라니 탐정 저도 그래요. 아이가 사다가 심은 거라면 엄마가 모를 리가 없다고 하잖아요.

미루 탐정 맞아요. 선인장이 포자가 바람에 날려서 번식하는 종도 아니죠.

라니 탐정 그렇다면, 벌받은 거 아닐까요? 연구한다고 무슨 식물인지 잘라 보고 했다잖아요.

탐정 소장 자네들은 아이가 선인장이라도 됐다고 생각하는 것 같군.

미루 탐정 소장님은 사건 경험도 많으실 텐데, 이와 비슷한 사건은 없었나요?

탐정 소장 그러고 보니 예전에 비슷한 사건이 하나 있었어. 그때는 사람이 사라지고, 침대에 돼지가 한 마리 있었지. 여전히 미스터리로 남아 있는 사건이야. 그건 그렇고 어찌 됐든 아이가 사라진 건 사막 식물과 관련된 건 분명한 것 같네. 왜 사막에 사는 식물이었는지, 혹시라도 선인장에 관심을 가졌다면 왜 그랬는지 파악할 필요가 있겠어. 사건을 해결하는 우리 탐정사무소만의 특별한 비법을 활용할 때가 왔군.

미루, 라니 탐정 그 비법이 뭔가요?

탐정 소장은 의자를 하나 가지고 와서 앞에 둔다.

탐정 소장 이 의자를 바라보고 일렬로 앉아 보겠나? 이제 한 명씩 사라진 아이가 되어서 이 의자에 앉는 거지. 그리고 다른 사람들이 아이를 인터

뷰하는 거야. 그러면 아이의 마음을 헤아려 볼 수 있지. 누가 먼저 해 보겠나?

라니 탐정이 사라진 아이가 되어 의자에 앉는다.

탐정 소장 사막에 사는 식물은 왜 연구했죠?
아이(라니) 메마르고 거친 환경에 사는 식물들의 비결이 궁금했어요.
미루 탐정 한낮에 더울 때도 켜지 않던 에어컨을 선선한 밤에 켠다거나 물만 많이 마시는 이상한 행동은 왜 했나요?
아이(라니) 사막 식물이 어떤 기분일지 한 번 느껴 보려고요.
탐정 소장 지금 어디서 무엇을 하고 지내죠?
아이(라니) 식물을 연구한다고 자연을 괴롭혀서 그런지 어느 날 갑자기 식물이 되었어요. 무슨 마법에 걸렸나 봐요.

미루 탐정 어떤 식물이 되었죠?

아이(라니) 선인장이요. 햇볕을 쬐면서 가만히 있으면 좋을 줄 알았는데, 아무것도 안 하는 게 아니었어요. 너무 고단하네요. 예전으로 다시 돌아가고 싶어요.

이번엔 미루 탐정이 사라진 아이가 되어 의자에 앉는다.

라니 탐정 사막에 사는 식물은 왜 연구했나요?

아이(미루) 여기서 가장 멀리 떨어진 곳으로 가고 싶었어요. 그리고 식물이 되면 편안할 것 같았고요.

탐정 소장 식물이 되었나요?

아이(미루) 네, 선인장이 되었습니다.

라니 탐정 어떻게 선인장이 된 거죠? 그리고 많은 식물 중 왜 하필 선인장인가요?

아이(미루) 선인장이 되는 방법을 연구했죠. 연구 일지에 기록해 두었어요. 선인장이 된 건 척박한 환경에서도 꿋꿋하게 버티는 모습이 감동적이랄까. 가시로 스스로를 보호할 수 있는 것도 멋지고요.

탐정 소장 집으로 돌아오고 싶지는 않나요?

아이(미루) 지금 적응 중이어서 다른 생각은 들지 않아요.

미루 탐정은 자기 자리로 돌아와 앉는다.

탐정 소장 수고했네. 자네들은 아이가 선인장이 되었다고 생각하는군. 아이가 뜻한 대로 선인장이 되었다면 다시 사람으로 돌아올 수도 있겠지. 의지만 있다면 말이야. 원치 않았는데 되었다면?

라니 탐정 그건 저희가 해결할 수 없는 문제인 것 같은데요. 아이 어머니께는 어떻게 말씀드려야 할까요?

미루 탐정 저희가 추리한 대로 말씀드려야 하지 않을까요? 제가 어머니 입장이라면 아이처럼 식물이

돼서라도 찾을 것 같거든요.

탐정 소장 이거 참……, 어떻게 말씀드려야 할지 정말 난감하군.

이야기 밖으로

탐정 소장님은 아이 어머니에게 이 사건에 대해 어떻게 말했을까요?

그런데 사라진 아이는 어디로 간 것일까요? 정말 선인장이 된 것일까요? 혹시 선인장이 된 게 아니라, 선인장이 사람이 됐던 것은 아닐까요? 다시 선인장으로 돌아가기 위해서 혼자 연구한 것일 수도 있죠.

이 이야기에 정해진 답은 없어요. 여러분들이 몇 가지 단서를 바탕으로 탐정이 되어서 사건을 구성해 보세요.

탐정 역할 놀이

사건 일지

이름 : _____ 탐정

- 의뢰인 : _____
- 사건 시간 : _____
- 장소 : _____
- 내용 : _____
  _____
  _____

- 사건 단서
  _____
  _____
  _____

사라진 아이가 된다면…

탐정 소장님의 주의 사항
사건 단서를 바탕으로 질문하고, 답변할 것!

Q. 사막에 사는 식물은 왜 연구했나요?
_____

Q. 지금 어디서 무엇을 하고 지내나요?
_____

• 스스로 질문하고, 답변해 보세요.

Q. _____
_____

Q. _____
_____

• 최종 추리
_____
_____
_____

변신하는 법

변신 준비를 해요

책이나 영화를 보면서 우리는 사자도 되고 고래도 돼요. 상상 속에서 말이죠. 놀이를 할 때는 상상에만 그치는 것이 아니라 몸도 마음도 사자, 고래가 돼요.

내가 아닌 다른 대상을 단순히 흉내 내는 것이 아니라 진짜로 변신할 수 있을까요? 마법을 쓰지 않는 이상 쉽지 않다고요? 그렇지만 가능한 한 가지 방법을 알고 있어요. 이 방법은 마법의 주문을 외우는 것이 아니에요. 변신하는 과정을 스스로 찾고, 시도해 보아야 해요.

상상의 눈과 마음을 가진 여러분에게만 소개할게요.

먼저 변신하고 싶은 사물이나 자연물 중 하나를 선택하는 거예요. 나무라면 나무 종류도 다양하고, 각각 특징도 다르기 때문에 구체적으로 선택해 주세요. 소나무라면 어디에, 어떤 모습으로 있는 소나무인지 선택하는 거예요. 가까이서 직접 관찰할 수 있는 대상이면 더 좋겠죠. 그것에 대해 더 잘 알 수 있으니까 변신하는 방법을 더 찾기 쉬워요.

대상을 정했다면 생김새, 사는 곳, 생활방식 등을 관찰하고, 그 특징을 조사합니다.

지금은 변신 중

변신을 위해서는 사전 준비가 필요할 수 있어요. 먼저 대상의 생김새를 생각해서 신체를 어떻게 바꿔 나갈지 계획을 세워요. 별도의 재료가 필요할 수도 있어요. 때로는 연습과 훈련이 필요해요.

다음으로는 대상이 살아가는 생활방식을 어떻게 따라 나갈지 생각해 봐요. 대상이 가진 성격이나 마음과 태도를 갖기 위한 방법들도 떠올려 봐요.

위 과정들을 순서대로 정리해서 글로 쓰면 됩니다.

예를 들어, 선인장이 되려고 해요. 그중에서도 사와로 선인장이라고 부르는 키가 아주 큰 선인장이 될 거예요. 그러면 먼저 사막에 건조한 날씨를 잘 견뎌내기 위한 준비가 필요하겠죠. 물을 많이 마시면서 몸속에 수분 함량을 충분히 높여요. 그리고 점점 수분 섭취량을 줄여 나가는 거죠. 낮과 밤의 기온 차가 큰 것에 대한 대비도 해야 해요. 낮에는 히터를 틀고, 밤에는 에어컨을 틀어서 적응하는 훈련을 해요.

사전 준비가 끝나면 외형도 선인장이 되어야 해요. 몸에 가시를 붙인다거나 잘 늘어나는 가시 달린 옷을 만들어 입어요. 선인장은 참고 버티기 달인이에요. 따라서 사소한 일에 마음을 쓰거나 화를 내지 않아요. 다른 동물들에게

▲ 키가 큰 선인장으로 변신하려면 어떻게 해야 할까요? 가시 달린 옷도 만들어 입고, 참고 버티기의 달인이 되어 사소한 일에 마음을 쓰거나 화를 내지 말아야 해요. (사진·픽사베이)

기꺼이 품을 내어주죠. 선인장은 매일 조금씩 하늘을 향해 뻗어 나가는 것에만 집중해요.

선인장의 성격과 집중력을 단번에 습득하기는 어렵겠죠? 매일 시간을 정해 훈련하면서 선인장으로 있는 시간을 늘려 나가는 것이 도움이 될 거예요.

이와 같이 어떤 대상으로 변신하는 방법을 작품으로 기

록한 예술가가 있는데요. 개념미술가 김범의 《변신술》이에요. 개념미술은 완성된 작품 자체보다 창의적인 아이디어에 주목하는 현대미술의 한 갈래예요. 김범 작가의 《변신술》에는 나무, 문, 풀, 바위 등이 되는 법이 정리되어 있어요.

다음의 변신술은 무엇이 되는 과정을 쓴 것일까요?
날개가 있는 것으로 보아 새인 것 같아요. 새 중에서도 진짜 높이, 멀리 자유롭게 날아가는 새라면 무엇이 떠오르나요? 바로 '독수리'가 되는 과정을 쓴 것이랍니다.

(   )가 되는 법

박큰강물

　(　　)가 되려면 양팔을 뻗어 날개를 펼친다.
　(　　)가 나는 모습을 예시처럼 잘 보고, 하늘을 나는 연습을 한다.
　준비가 됐다면 높은 곳으로 올라가 마음의 준비를 하고, 날갯짓을 하며 천천히 뛴다. 곧이어 높은 곳에서 떨어지면 바람을 타고 날개를 활짝 편다.
　제대로 날 준비가 되면 아무것도 생각하지 말고, 단 하나 '자유'라는 것만 생각한다. 인생의 긴 한 편의 시를 쓰듯이 진짜 높은 하늘로 날아오른다. 그리고 자유롭게 자신만의 새로운, 알려지지 않은 곳을 향해 아주 멀리 날아간다. 잘난 다른 이들은 조금도 신경 쓰지 않는다. 넓지만 작은 땅을 바라보고, 더 높은 하늘로 날아가기 위해…….
　날개와 몸을 하늘 세상처럼!

변신으로 나를 알아 가요

　마법학교의 변신술은 주문을 외우면 단박에 그 대상으로 변신하죠. 하지만 이 변신술은 상당한 시간과 노력이 필요한 기술이에요.
　내가 아닌 다른 존재가 되어 가는 과정은 그에 대해 알아 가고 이해하는 과정이에요. 또한 나를 알아 가는 과정이기도 해요.

　여러분은 왜 수많은 것들 중 하필이면 그 대상을 선택했나요?
　왜 그 대상이 되고 싶은지를 생각해 보면 자신이 무엇을 원하고, 꿈꾸는지를 간접적으로 알 수 있어요.
　또 변신 과정에서 대상과 나의 공통점과 차이점 등을 찾아보면 스스로도 몰랐던 자신을 발견하게 될 거예요.

변신 놀이

○○이 되는 법

준비물 종이, 필기도구

놀이방법

1. 변신하고 싶은 사물 또는 자연물을 선택한다.
2. 선택한 대상의 생김새, 사는 곳, 생활방식 등 그 특징을 조사한다.
3. 대상이 되기 위해 필요한 사전 준비 과정을 순서대로 쓴다.
4. 대상과 같은 겉모습이 되기 위해 취해야 할 자세나 필요한 소품 등에 대해 쓴다.
5. 대상이 가진 성격, 성질을 기르기 위한 방법을 쓴다.

모두의 학교

가짜 거북의 바닷속 학교

《이상한 나라의 앨리스》에는 신기하고 재미있는 이야기가 많아요. 그중에 가짜 거북 이야기를 기억하나요?

앨리스는 슬픔에 빠진 가짜 거북을 만나 과거 이야기를 들어요. 가짜 거북은 어렸을 때 바닷속에 있는 학교를 다니면서 최고의 교육을 받았대요.

바닷속 학교의 정규과목으로는 비틀기와 몸부림치기, 웃음거리가 되는 짓 하기, 정신을 어지럽게 하는 법 등이 있었고요. 고대와 현대 미스터리, 바다 지리, 잡아서 늘어뜨리기라는 과목도 있었다고 해요.

 잡아서 늘어뜨리기는 붕장어 선생님 수업이었어요. 붕장어 선생님은 그밖에도 기지개를 켜서 몸 늘이기, 소용돌이 속에서 기절하기 등도 가르쳤대요.

 이 학교 수업 시간은 첫날은 10시간, 다음 날은 9시간, 그리고 그다음 날은 8시간으로 점점 시간을 줄여 나가다가, 열한 번째 되는 날은 공휴일인 이상한 시간표를 가졌다고 해요. 정말 너무 이상해서 궁금한 학교예요.

 가짜 거북이 다녔던 바닷속 학교는 바다 생물들이 다니는 학교였죠.

 인간과 사물이나 동식물에게도 열려 있는 더 이상한 학교가 있다면 어떨까요? 학급 구성원으로는 어떤 선생님과 학생들이 있을까요? 또 어떤 과목을 배우게 될까요?

 예를 들어 이 학교에는 의자, 나무, 바위, 카펫 등이 서로 가르침을 주고받아요. 가르치는 선생님과 배우는 학생이 나뉘지 않고, 서로에게 배우는 거죠.

의자에게는 '무게를 견디는 법'을 배울 수 있어요

자신보다 몇 배는 더 무거운 사람의 몸무게를 지탱하는 의자만의 방법이 있대요.

먼저 누군가 앉기 직전에 심호흡을 크게 해요. 누군가 앉으면 무게를 가늠하고, 네 다리로 무게를 고르게 분산시켜요. 만약 사람이 삐딱하게 앉아서 한쪽으로 무게가 쏠리면 '삐그덕' 소리를 내요. 그리고 반대쪽으로 힘을 실어요. 균형이 이루어지면 무게를 떠받치는 것에만 집중해요.

▲ 의자는 자신보다 몇 배나 더 무거운 사람의 몸무게를 지탱하는 의자만의 방법이 있어요. (사진·픽사베이)

이 수업에는 산양들이 자주 올라가는 나무, 뾰족구두, 택배기사 등이 참여해서 배워요. 사람이 앞뒤로 의자를 까딱거린다거나 방귀를 뀌는 등 어지러운 위기의 순간이 찾아올 수도 있겠죠? 위기의 순간, 균형을 잡는 의자의 비법을 배우는 수업도 따로 있대요.

나무에게는 '단단해지기'를 배울 수 있어요

뿌리 또는 다리를 땅으로 넓고, 깊게 파고들어요. 이것이 어렵다면, 땅속 깊이 파고드는 상상과 느낌을 떠올려요. 그리고 자기만의 습관이 반영된 자세를 한 시간 동안 유지해요. 이 훈련 시간을 조금씩 늘려 가면서 반복하는 거죠.

이 수업에는 책상, 의자, 역도선수, 세계적으로 유명한 탑과 다리들도 함께 공부해요.

▲ 나무뿌리는 땅속으로 넓고 깊게 파고들어요. (사진·픽사베이)

바위에게는 '멍 때리기'를 배울 수도 있어요

    먼저 세상과 연결을 끊고, 나만의 시간을 가져야 해요. 밖으로 나가서 자리를 잡고 앉아요. 흘러가는 구름, 흔들리는 나뭇가지에 매달린 잎을 멍하니 바라봐요.
    상황이 여의치 않다면, 다른 곳으로 이동해요. 째깍거리는 시계 소리에 집중하거나 어느 한곳을 똑바로 바라봐요.

이 밖에도 카펫에게 '지구를 느끼는 법', 거북에게 '뒤집기'나 '뒤집힌 친구 뒤집어 주기' 등을 배울 수 있어요.

여러분이 들어 보고 싶은 과목은 무엇인가요?
또는 여러분이 선생님이 된다면 어떤 과목을 가르쳐 주고 싶은가요?

사물, 자연으로부터 배워요

예로부터 사람들은 자연으로부터 많은 것을 배워 왔어요. 자연의 원리를 응용한 사물을 개발하기도 했죠. 그러다 자연을 함께 살아가며 배우는 대상이 아닌 이용 수단 또는 가치로 여기게 되었어요.

'인류세'라는 말을 들어 보았나요? 공룡이 살았던 중생대, 포유류가 출현한 신생대 같은 지질연대를 뜻해요. '인류세'는 지구환경이 자연적인 변화가 아니라 인류의 활동으로 급격히 변화해서 붙여졌어요.

인류는 산업화 이후로 자연과 환경을 파괴하며 인간을 위한 세상을 만들어 왔죠. 그 결과 전 지구적인 기후 변화와 생태계 파괴, 팬데믹 위기를 맞이하게 되었어요.

원래 인간과 사물이나 자연은 오랫동안 서로 영향을 주고받으며 관계를 맺어 왔어요. 앞으로도 우리들은 지구에서 함께 살아갈 수밖에 없어요.

그렇다면 우리는 어떻게 함께 잘 살아갈 수 있을까요? 지금까지와는 다른 새로운 삶의 방식에 대한 고민이 필요해요.

우리는 인간과 인간이 아닌 것을 나누고, 인간을 위주로 생각해요. 인간의 필요에 따라 사용되는 대상이 아니라 그들이 어떻게 살아나가는지 구체적으로 이해해야 해요. 그리고 함께 살기 위한 대안을 찾아야 해요.

모두의 학교에서 선생님과 학생으로 서로에게 배우고, 익히면 몸과 마음을 단련할 수 있어요. 또한 우리들의 관계를 보완하는 데 도움이 될 수 있지 않을까 기대해 봅니다.

상상 놀이

모두의 학교

준비물 종이, 필기도구

놀이방법

'모두의 학교'는 사람은 물론 사물, 동식물이 함께 가르치고 배우는 학교예요.

1. 주변 사물 또는 자연물 중 모두의 학교에 초대하고 싶은 선생님은 누구인가요? 그 선생님으로부터 어떤 과목을 배울 수 있을까요? 그리고 이 수업에는 누가 참여하게 될까요?
2. 모두의 학교 시간표를 채워 보세요.

예시				
	바람 부는 맑은 날	학교 가기 싫은 날		
1	**카펫** '지구를 느끼는 법'			
2	**나무** '단단해지기'	**바위** '멍 때리기'		
3	**의자** '무게를 견디는 법'	**홍학** '모두 함께 춤추기'		
4				

3. 시간표에 과목을 선택해서 수업 내용을 간단히 글로 쓰거나 수업 장면을 그림으로 소개해 보세요.

우리들이 만나면

보이지 않는 선들이 있어요

우리 주변에는 보이지 않는 선들이 있어요. 어떤 기준에 의해서 이것과 저것으로 나누는 구분선이라고 할 수 있어요. 선이 보이지는 않지만, 우리 마음속에서 구분을 지어요.

실제로 교실에서 학생들과 종이테이프로 이런 구분선을 표시해 보았어요. 선생님과 학생, 안과 밖, 우리 반과 다른 반, 연필과 지우개 등 사이에 선이 그어졌어요. 그러다 '나와 너'라는 생각에 이르게 된 거예요.

자신이나 친구 몸에 선을 두르면서 더 복잡하고 많은 선들이 나타났어요. 우리는 알게 모르게 이런 구분을 배우고 익히면서 성장해요.

인류는 지구상의 수많은 것들을 서로 비교하고, 그 차이에 따라 분류해 왔어요. 생물과 무생물, 생물 중에서도 동물과 식물, 동물 중에서도 척추동물과 무척추동물 등으로 나누었죠. 분류를 하면 세계를 더 잘 이해하고, 정리할 수 있으니까요. 이러한 구분 짓기는 대상과 대상을 나누는 보이지 않는 선, 경계를 만들어요. 나라와 나라 사이의 경계, 국경처럼 말이죠.

인간과 자연, 동물과 식물, 육식동물과 초식동물 등은 서로 반대되는 관계라고 생각하기 쉬워요. 하지만 이들은 서로에게 의지하며 살아가는 관계이기도 해요.

인간을 포함한 동물은 식물이 있어야 살 수 있죠. 식물도 동물이 있어야 씨앗을 퍼뜨려 자손을 이어 나가요. 마찬가지로 육식동물은 초식동물이 있어야 살 수 있어요. 초식동물도 육식동물과의 긴장 관계 속에서 적절한 개체 수를 유지할 수 있는 거죠.

이것저것 결합하기를 해 봐요

이것과 저것을 구분 지었던 보이지 않는 선, 경계를 허물어 서로 연결하면 어떻게 될까요?

물고기와 새가 만나면?

달콤하고 시원한 아이스크림이 됩니다.

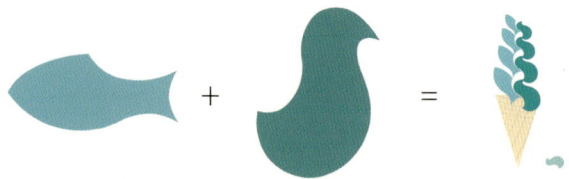

싱그럽고, 푸르른 숲도 될 수 있어요.

은행잎과 아보카도가 만나면?

부리부리한 눈을 가진 부엉이가 됩니다.

화려한 날개깃을 가진 공작도 될 수 있어요.

로켓과 트럼펫이 만나면?

멋지고 웅장한 궁전이 됩니다.

밤하늘에 피어오르는 불꽃도 될 수 있어요.

아군과 적군이 만나면?

한겨울에 따뜻한 목도리가 됩니다.

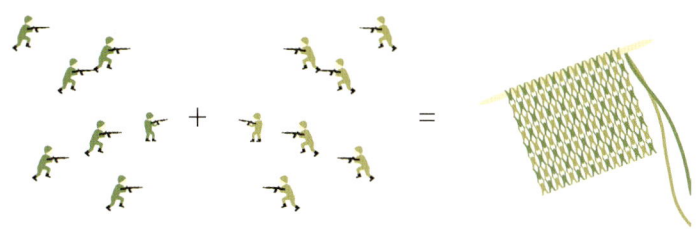

한여름, 나무 그늘에서 한가로이 쉴 수 있는 해먹도 될 수 있어요.

다르다는 것은 뭘까요?

그렇다면 나와 너, 서로 다른 우리가 만나면 무엇이 될 수 있을까요?

우리는 집, 학교, 회사 등에서 가족, 친구, 동료로 수많은 관계를 맺으며 살아가고 있어요. 사람 간의 관계뿐일까요? 주변의 사물, 자연, 공간과도 서로 영향을 주고받으며 살아가죠. 하지만 우리는 서로 너무나 다르기 때문에 오해와 갈등이 생기기도 해요. 그래서 다름을 나와는 관계가 없는 것이나 불편함으로만 생각하기 쉽죠.

다르다는 것은 다양한 가능성을 품고 있어요. 그 가능성을 발견하고 함께 가꿔 나갈 때, 우리들만의 새로운 의미가 만들어집니다. 서로 다름을 이해하고 존중할 때, 사소한 갈등은 함께 극복해 나갈 수 있지 않을까요? 다름이 만들어 내는 우리들의 변화와 이야기를 기대해 보아요.

패턴 놀이

우리들이 만나면

준비물 서로 다른 색깔 색지 3장, 가위, 풀, 필기도구, 색연필

놀이방법

1. 사물이나 동식물을 단순한 형태로 색지에 그리고, 오려서 하나의 퍼즐 조각을 만든다.

2. 오려낸 퍼즐 조각을 같은 색지 위에 놓고, 윤곽선을 따라 그리고 오려서 여러 개의 퍼즐 조각을 만든다.

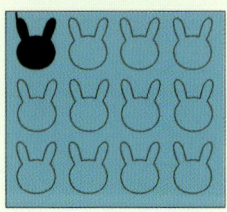

3. 1~2번 방법으로 다른 색깔 색지를 이용해 또 다른 퍼즐 조각들을 만든다.

* 친구와 함께 놀이할 때는 두 번째 퍼즐은 만들지 않고, 몇 개씩 서로 바꿔서 사용해도 좋다.

4. 나머지 색지 위에 서로 다른 퍼즐 조각을 놓고, 일정한 규칙을 적용해서 새로운 이미지를 만들어 본다.

* 퍼즐 조각이 부족하면, 더 만들어 떠오른 이미지를 완성한다.

5. 완성된 이미지를 색지에 풀로 고정한다.

6. 이미지에서 보완하고 싶은 부분이 있다면, 색연필로 필요한 부분을 그리고, 작품에 어울리는 제목을 쓴다.

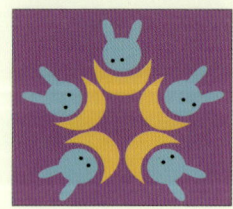

《달토끼 꽃》

> **참고**
> 염색용 색종이를 활용하면 티셔츠나 에코 백에 나만의 패턴을 넣을 수 있다.

QR 코드로 더 알아보기

변신

김범 《변신술》

나무, 문, 풀 등이 되는 법을 기록한 김범 작가의 《변신술》 중 일부를 감상해 보세요.

그래픽 아티스트 에셔의 《변신》

물고기에서 새 또는 새에서 물고기로 변화해요. 변신을 주제로 한, 네덜란드의 판화가 에셔의 작품을 감상해 보세요.

고상우 《그러므로 나는 동물이다》

고상우 작가는 야생 호랑이를 비롯하여 사라질 위기에 놓인 20여 종 멸종 위기 동물을 그림으로 그렸어요. 동물 눈에 그려진 하트는 무엇을 의미할까요?

작가 인터뷰

모두의 학교

인류세의 자연, 철원 DMZ

인류세의 과거와 현재 그리고 미래가 궁금한가요? 한국의 비무장지대(DMZ)와 주변 지역을 통해 인류세의 변화 과정을 살펴볼 수 있어요. 비무장지대(DMZ)는 휴전선 남쪽으로 2km, 북쪽으로 2km 구간으로 군사 활동이 금지된 지역을 말하는데요. 인류세를 극복하기 위한 여러 가지 시도와 가능성을 확인해 보세요.

생물로부터 배운다 – 국립생물자원관

인간이 생물로부터 배우고, 여러 가지 도구를 개발하기 위해 영감을 얻은 사례들을 살펴보세요.

결합/공존

르네 마그리트 《빛의 제국》

밤과 낮이 공존할 수 있을까요? 르네 마그리트의 세계에는 불가능이란 없는데요. 이런 낯선 풍경은 우리를 놀라게 하고, 즐겁게 하는 힘이 있지요.

QR 코드로 더 알아보기

마그리트는 이 마법 같은 힘을 '시'라고 표현했는데요. 이외에도 와인 잔과 구름 《심금》, 병과 당근 《설명》, 물고기와 사람 《집단적 발명》 등 서로 관련이 없는 대상을 결합한 작품들도 찾아서 감상해 보세요.

로마나 로마니신, 안드리 레시브 그림책 《무기여 잘 있거라》

《무기여 잘 있거라》는 소설가 헤밍웨이의 작품 제목이기도 한데요. 총과 나뭇가지, 솔방울과 수류탄 등 일상 이미지와 전쟁 이미지를 결합해서 보여 주는 작품이에요. 대비를 통해서 전쟁에 대해 생각해 보게 해요.

필립 파레노 《내 방은 또 하나의 어항》

《내 방은 또 하나의 어항》은 헬륨으로 채워진 물고기 모양 풍선이 미술관 안을 떠다니는 설치 작품이에요. 작가는 풍선이 다양한 높이에서 떠다닐 수 있도록 풍선의 무게와 공기의 흐름을 조절했다고 해요. 관객들은 공기 중을 헤엄치는 물고기 풍선 사이에서 마치 어항 속에 있는 것 같은 낯설지만, 신비로운 경험을 하게 됩니다.

김이박 《이사하는 정원》 프로젝트

김이박 작가는 식물 요양소 소장이에요. 의뢰인들이 맡긴 식물들을 보살피고 되살리는 작업을 하고 있어요. 아픈 식물을 치료할 뿐만 아니라 의뢰인과 식물을 둘러싼 환경과 관계, 이야기에 관심을 가지고 있는데요. 이 과정을 사진이나 그림, 설치, 퍼포먼스 등으로 표현하면서 기록해 나가고 있어요.

올라퍼 엘리아슨 《라이프(Life)》

올라퍼 엘리아슨은 2021년 스위스 바이엘러 재단 미술관에서 삶을 뜻하는 '라이프' 전시를 열었어요. 미술관 건물 안과 밖으로 이어지는 산책로를 최대 80cm 깊이로 초록색 물과 연못 식물로 채웠고요. 안과 밖, 인간과 자연의 경계를 허물기 위해서 유리창도 없애 버렸대요. 그리고 전시 기간 내내 24시간 문을 열어 지구에 모든 생명체를 전시에 초대했는데요. 실제로 고양이들이 가장 많이 찾았고, 곤충, 거미, 오리, 거위도 들렀다고 해요.

왜 천천히 읽기를 해야 하는가?

'천천히 읽는 책'은 그동안 역사, 과학, 문학, 교육, 지리, 예술, 인물, 여행을 비롯해 다양한 주제와 소재를 다양한 방식으로 펴냈습니다. 왜 천천히 읽자고 하는지 궁금해하는 독자들이 있어서 몇 가지를 밝혀 둡니다.

- '천천히 읽는 책'은 말 그대로 독서 운동에서 '천천히 읽기'를 살리자는 마음을 담았습니다. 천천히 읽기는 '천천히 넓고 깊게 생각하면서 길게 읽자'는 독서 운동입니다.

- 독서 초기에는 쉽고 가벼운 책을 재미있게 읽을 수 있는 방법으로 시작해야겠지요. 그러나 독서에 계속 취미를 붙이기 위해서는 그 단계를 넘어서 책을 깊이 있게 긴 숨으로 읽는 즐거움을 느낄 수 있어야 합니다. 그래야 문해력이 발달합니다.

- 문해력이 발달하는 인지 발달 단계는 대체로 10세에서 15세 사이에 시작합니다. 음식을 천천히 씹으면서 맛을 음미하듯이 조금 어려운 책을 천천히 되씹어 읽으면서 지식을 넘어 새로운 지혜를 깨달을 수 있습니다.

- 독서 방법에는 다독, 정독, 심독이 있습니다. 천천히 읽기는 정독과 심독에서 꼭 필요한 독서 방법입니다. 빨리 많이 읽기는 지식을 엉성하게 쌓아 두기에 그칩니다. 지식을 내 것으로 소화하기 위해서는 정독이 필요하고, 지식을 넘어 지혜로 만들기 위해서는 심독이 필요합니다.

- 어린이들한테는 쉽고 가볍고 알록달록한 책만 주어야 한다고 생각하는 어른들이 있습니다. 그러나 독서력이 높은 아이들은 어렵고 딱딱한 책도 독서력이 낮은 어른들보다 잘 읽습니다. 그런 기쁨을 충족하지 못할 때 반대로 문해력도 발달하지 못하면서 책과 멀어지게 됩니다.

'천천히 읽는 책'은 독서력을 어느 정도 갖춘 10세 이상 어린이부터 청소년과 어른까지 읽는 책들입니다. 어린이, 청소년과 어른들(교사와 학부모)이 함께 천천히 읽으면서 이야기를 나눌 수 있는 읽기 자료가 되기를 바라는 마음에서 만들고 있습니다.